郊外の地主を救う

クリニック土地活用

岡田衛
OKADA MAMORU

幻冬舎MC

郊外の地主を救う

クリニック土地活用

はじめに

日本における人口減少や少子高齢化、都市部への人口集中は、郊外に土地をもつ地主の方々にとって深刻な問題となっています。

日本は高度経済成長をきっかけに、農林水産業などの第一次産業から製造業などの第二次産業、そしてサービス業などの第三次産業へと労働人口の比重が移りました。その結果、都市部への人口集中が進み、現在は郊外に空地や遊休地となってしまう土地が多く見られるようになりました。これらの土地が農地の場合この問題はさらに深刻です。子や孫が農業のほかに職を得るようになったことで、広大な土地で農業を営んできた地主の多くは後継者不足に頭を悩ませることになったのです。

こうした郊外の土地を所有する地主の多くが、なんとかして土地を維持し、運用できないものかと考えることは想像に難くありません。なぜなら土地は所有しているだけで固定資産税などの税金が掛かってくるためです。しかし、こうした郊外の土地は実は運用することすら難しいのが現状なのです。

これまで土地の運用といえば、アパートなどの賃貸住宅や駐車場の運営が一般的でしたが、近年の不動産運用ブームなどで物件が乱立した結果、郊外の賃貸物件は需要より供給が上回り、思うように収入が得られないケースが増えてきたのです。また所有している土地が市街化調整区域に当たる場合、原則的に建物の建設が制限されていることから運用する手段が非常に限られてしまいます。現代社会において郊外の土地を堅実に運用する手段が見つからないことは地主にとって非常に切迫した問題になっているのです。

私は愛知県でクリニックなどの医療建築に特化した建設会社を経営しています。また建設事業だけでなく郊外の土地を所有する地主と、開業を考えている医師との土地の仲介事業も行っています。郊外は都心に比べて競合相手が少なく、経営コストも削減できるので、開業を目指す医師にとって需要が高いためです。

また郊外の土地を運用したいと考えている地主にとっても、医師にクリニックなどの医療機関を誘致することは非常にメリットが多いといえます。なぜなら医師は30年ほどの事業用定期借地契約で土地を借り受けるため、地主は長期的に安定した収益を得られるからです。この点は、売上によってすぐに撤退や家賃の値下げ交渉が発生するコンビニエンスストアや量販店の誘致とは大きく異なる点です。また土地活用が難しいと考えられている市街化調整区域においても、医療施設であれば公益上必要な建物として建築の許可を受けられる可能性が高くなります。そしてなんといっても医療機関を誘致することは、周辺地域の利便性を高めるため社会的貢献度が非常に高いのです。

郊外の土地の活用が地主にとって悩みの種となっている昨今において、このように医療機関を誘致することは地主およびその親族に安心と安定をもたらす一つの手段といえます。

本書では、郊外の土地をもつ地主がクリニックなどの医療機関を誘致するまでのステップを網羅的に説明しています。この内容が土地活用に悩む郊外の地主にとって、今後の計画を立てるうえでのヒントとなればなによりの喜びです。

目次

第2章 安定して高収入を得るには クリニック誘致が最適!!

第3章

クリニック探しから事業用定期借地契約まで
クリニック誘致を成功させるための3ステップ

第4章

使い道がなかった土地が安定した収入源に　クリニック誘致の成功事例

第5章

地域に貢献できる土地活用

クリニック誘致は超高齢社会を長期的に支え

第1章

継ぎ手のいない田畑、収益の上がらない立地、相続税の負担……

郊外の地主は問題が山積み

土地を所有していることは必ずしも有利ではない

土地活用に悩む地主が増えています。国土交通省が毎年実施している「土地問題に関する国民の意識調査」によれば「土地は預貯金や株式などに比べて有利な資産か」という質問に対して、2021年に「そう思う」と答えた人は17・4％で、「どちらともいえない」や「わからない」「そうは思わない」人が8割を超える結果となっています。同じ質問に対して1993年では、61・8％の人が「そう思う」と答えており、30年近くで土地に対する意識が大きく変わっていることが分かります。

土地を所有することは住居用地としての生活基盤であるだけではなく、資産としての意味があります。しかし、住居以外の広い土地を所有する地主にとっては、土地は活用できなければ毎年固定資産税を支払うだけのお荷物でしかありません。

以前であれば、土地は売ればお金になるし、誰かに貸したり、賃貸住宅を建てて家賃収入を得たりすることで不労所得になるとして、多くの人にとって有利な資産と考えられていました。

しかし近年は、そのようなことが容易ではないということが共通認識となりつつあります。地方においては特にそれが顕著で、冒頭の質問をさらに地方の地主に限った場合、「そう思う」と考える人の割合は、２０２１年で15・６％と全体の数字からさらに約2ポイントも減少しています。

それだけ土地活用が難しくなっているのです。

土地活用の王道、アパート経営も人口減少で難しい

郊外の土地活用として賃貸アパート建設による家賃収入を得るという手段は、少子高齢化と地方の過疎化によって以前よりも難しくなっています。新設住宅着工戸数は総じて減少傾向にあり、２０２１年は前年から微増したものの、今後人口が増えていかなければ需要が増えることは考えづらく、供給過多という状況が続くことになります。

新設住宅の内訳を見ると、賃貸アパートやマンションの建設数が近年少し伸びているものの、これは相続税対策によるもので実際の賃貸需要に呼応するものではない、といわれています。

実際、全国の空き家・空室率は30年以上にわたって増え続けており、総務省が5年ごとに調べている「住宅・土地統計調査」によれば2018年の空き家・空室率は13・6%、この数字は2033年には30・4%になるとも推計されています。また、全国賃貸住宅経営者協会連合会による推計では、2018年の地方における賃貸物件の空室率、上位30県は、すでに軒並み20%を超えています。つまり需要が減っているのに、供給は増えているという状況が続いているのです。

こうした統計を見れば明らかなように、これまでのように安易に賃貸住宅をローンで建てても、予想した収益を得られずに赤字経営になってしまうリスクは高くなっています。

コンビニエンスストアや商業施設も頭打ち

住居用建設と同様に、商業施設の建設も減っています。宿泊施設に関しては、コロナ禍が始まる前の2018年までは、旺盛なインバウンド需要を受けて建設が増えていました。しかし2019年以降は新規の建設は減少に転じ、2020年からはコロナ禍の直撃を受けてさらに落ち込んでいます。

郊外の土地に建つ商業施設といえば、すぐに想像できるのがコンビニエンスストアです。日本フランチャイズチェーン協会の「ＪＦＡフランチャイズチェーン統計調査」（２０２１年）によると、２０１８年を境にコンビニエンスストアの数は頭打ちとなり、いよいよ減少トレンドに突入したといわれています。以前は交通量の多い幹線道路沿いであれば多くの集客が見込めるため、郊外にも盛んにコンビニエンスストアが新規出店されていました。コンビニエンスストア事業者から提示される賃料は周囲の相場よりも高いことも多く、地主にとっては魅力的な土地活用法となっていました。

コンビニエンスストアをはじめとする商業施設に土地を貸せば、何もしなくても賃料収入が定期的に得られるうえ、周囲の住人に対して利便性も上がり、良い選択だと考える人は多くいます。

しかしコンビニエンスストアとして土地活用するにも、収益が見込める土地であることが前提です。まずは人口が多く、多くの来店者が見込める場所であること、郊外であれば特に前面の道路がどうなっているのかも重要だといわれています。

例えばよくいわれているコンビニエンスストアに適した道路として、

・多方向から乗り入れできる角地や交差点にある
・前面道路の渋滞が少なく、入りやすい
・接する道路が緩い右カーブを描いている
・中央分離帯がない道路

といったものがあります。所有する土地がこのような条件に当てはまるのであればいいですが、そうした土地を所有している人は一部の人に限られます。

また、コンビニエンスストア事業者との契約条件についても注意が必要です。多くの場合、地代や賃料は売上に応じて変更の可能性があります。

そのため、一度契約したものの思ったよりもコンビニエンスストアの売上が伸びず、賃料引き下げを要求されるケースも少なくありません。土地を貸しているだけであればまだいいですが、建物の建設費用は地主のほうで負担するリースバック方式などでは、最悪の場合、投資額の回収が難しくなってしまうリスクもはらんでいます。

太陽光発電投資にもさまざまな問題が

２０１２年から経済産業省によって再生可能エネルギーから得られた電気を電力会社が一定価格で一定期間買い取ることを国が保障する「再生可能エネルギーの固定価格買取制度（ＦＩＴ）」が制定されたため、太陽光発電パネルを設置し、発電した電気を電力会社へ売る（売電する）ことで収益を得る太陽光発電投資も土地活用として一時話題になりました。

太陽光パネルは日照さえ得られれば立地を選ばないため、収益を得やすい土地活用法として人気を集めていたのです。農地に支柱を建てて、農地の上部で太陽光発電を行うことで作物の収益と太陽光発電による売電収益の両方を得るという営農型太陽光発電制度も実施されています。

しかし固定価格買取制度が制定された２０１２年から10年経った２０２２年では、買取単価は２０１２年当時の３～４分の１程度となっており、今では初期投資と年間の維持管理費などを賄うのに十分な収益を生むことさえ難しくなっています。また、太陽光パネルの耐久性が悪く維持費が予想以上に高くついたり、パネルの盗難が頻発するためセキュリティに余計な手間とコストが掛かったりと、さまざまな問題も生じています。放っておいても収益を生みそうなイメージとは裏腹に、ノウハウもなく安易に始めると大きなリスクを背負う可能性があります。

悩ましい郊外の土地の相続

土地活用の問題は、自分の代だけにとどまらないことも地主の悩みを大きくしています。特に郊外に広大な農地や空地・遊休地などを保有する高齢の地主にとって最も悩ましいのが相続税の問題です。先祖代々受け継いできた土地を次世代に引き継がせることを使命と考えている人は多いものの、使い道のない土地でも相続税が掛かってくるため、税金を払えず相続放棄という事態も起きています。

相続税は土地の評価額に相続税率を掛けて計算されます。地方郊外の土地や農地は評価額が低くなりやすいものの、相続額が控除額を上回れば税金を払うための現金が必要になります。

保有する土地が広大なら、面積あたりの評価額が低くても保有する土地の広さから相続税の総額が高額になることもあります。通常、相続税上の不動産評価額は実勢価格の8割程度といわれていますが、これは一概にそうとも言い切れません。また、不動産の場合は売却しようと思っても買い手がすぐに見つからないこともあります。そうなると相続時に税金を払うために多額の現金が必要になっても手元にないために、最悪の場合相続ができない、ということもあり得るのです。

郊外の土地は都市部の土地と比較すると需要が低く、得られる賃料や地代も低い傾向にあるため、土地活用についてしっかりと計画を立てて収益を得ていかなければ次世代に土地を引き継がせることは非常に難しいといえます。現在の土地利用方法で、次の世代が相続に耐えられる現金を用意できるのか、相続する土地は相続税を支払うに値するものとなっているか、よく考えて対応をしておかなければ、相続人の負担も大きくなります。

土地活用も売却も難しい農業用地

さらに土地活用を厄介にするのが地方郊外に多い田畑の土地です。純粋な農家であれば、田畑は作物を植えて収穫することで利益を生んでいるので何の問題もありません。農業は立派な土地活用です。しかし問題は、高齢化とともに農業の継続が難しくなったり、継ぎ手がいなかったりした場合、次世代が相続後、簡単に田畑を手放し、農業をやめることができないことです。

田畑の売買は農地法の規制により農業従事者にしか売却できないため、買い手を見つけにくいという特性があります。買い手の需要が限定的な土地といえるため、農家間で土地を売却する場合は、近隣の住人や親族同士で行うことが一般的で、宅地のように不動産業者が仲介を担うことはあまりありません。

また、仮に売却先があったとしても、使用用途が農業に限定された土地の価格は宅地などと比較して低い相場になる傾向があります。そのため、なかには無償で譲渡を行ったり、登記費用を売却する側が負担したりすることで引き取ってもらうケースもあり、土地の売却で利益を得ることは難しいのが現状です。

それでも、二束三文で売却するよりは良いという理由で、次世代が仕方なく相続した土地で農業を続ける場合もあります。所有者が農業を続けられる期間は良いかもしれませんが、また新たな相続が行われる際に同じ問題が顕在化します。農地の継承はその一族にとって長きにわたり重い負担となり得る問題でもあるのです。

活用もできずに固定資産税を払い続けるジレンマ

このように活用が難しい郊外の農地や空地・遊休地は、地主にとって大きな負担となるものです。しかし、多くの人は土地を手放すことはせず黙々と管理を続け、固定資産税を払い続けています。先祖代々受け継いできた土地をなかなか手放すことができないのは地主の素直な気持ちだと思います。

その土地に対する愛着と責任感は決して否定されるべきものではありません。一方で、次世代に負担をそのまま残してしまうことも良くはありません。難しいことではありますが、土地活用に悩む郊外の地主が行うべきことは次世代のために、安心かつ安定した土地活用方法を模索することです。

現代においては、介護や葬式、墓の管理、相続などさまざまな面において子や孫に迷惑を掛けたくないという人が非常に増えています。自分の人生の終末について、家族や友人に伝えておきたいことを記すエンディングノートを準備することが流行しましたが、まさに土地の相続とその活用はエンディングノートに記すべき第一項目にあたります。しかし、土地の相続と活用については、子や孫に迷惑を掛けないよう整理を行うことは簡単ではありません。土地活用の選択肢が限られた郊外において、この問題は地主たちの頭を悩ます大きな問題となっているのです。こうした問題を解決するには、地方郊外であっても有効活用できる土地利用を模索することが必要です。

第2章

クリニック誘致が最適!!

安定して高収入を得るには

人口減少地域でも増加している医療ニーズ

少子高齢化をはじめとしたさまざまな問題により、特に地方郊外では土地活用が難しくなっています。しかし人口が減少しているにもかかわらず需要が増え続け、まだ十分な供給ができていない分野があります。特に郊外でニーズが高い分野の一つが、高齢者が外来受診者の大半を占める医療分野です。

厚生労働省の「第８次医療計画、地域医療構想等について」（２０２２年）によると、人口10万人あたりの外来受療率の大半は65歳以上が占めています。また、同資料によれば、日本の各地域では近年外来患者数が最大となっており、人口減少の影響を受けてやや減少傾向にはあるものの、今なおその需要は非常に高い状況となっています。

こうした需要の高さから、少子高齢化が進む地方郊外では、クリニックの開業が増えています。

医療分野では、増える高齢医療ニーズに対応するために以前から地域包括ケアといっ

［図表1］外来受療率（人口10万対）

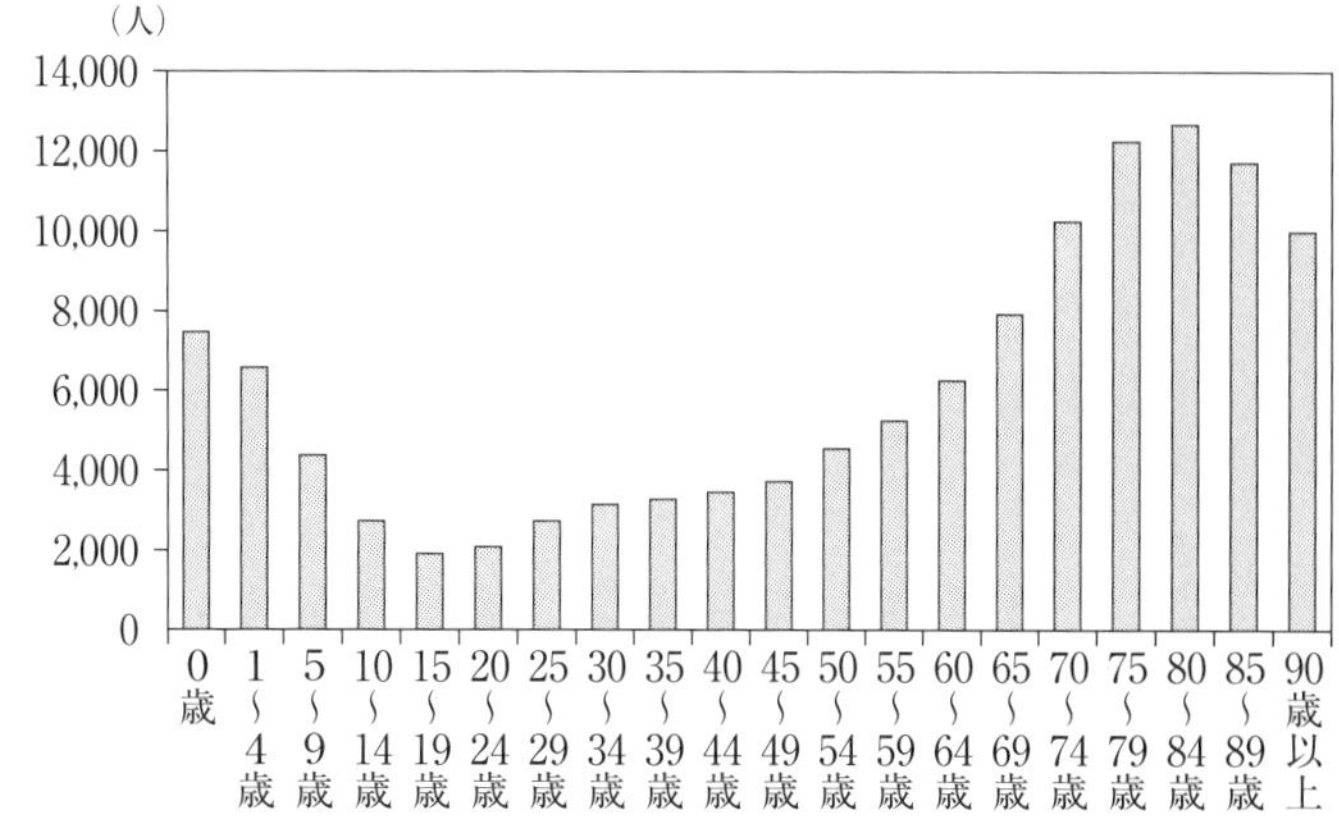

出典：厚生労働省「第８次医療計画、地域医療構想等について」（2022年）

て、これまでの病院中心の医療から、在宅ケアや地域のかかりつけ医による治療、行政や民間介護サービスなどが連携する地域全体での医療サービスの拡充が図られてきました。これにより、中核病院となる大きな病院に入院して治療を受けるのではなく、高齢者医療を中心に在宅ケアや地域のかかりつけ医による治療が主流となっています。地域のかかりつけ医に対するニーズが増えたことで、クリニックの開業件数は医療施設の不足していた郊外を中心に増え始めているのです。

［図表2］医師・歯科医師の推移

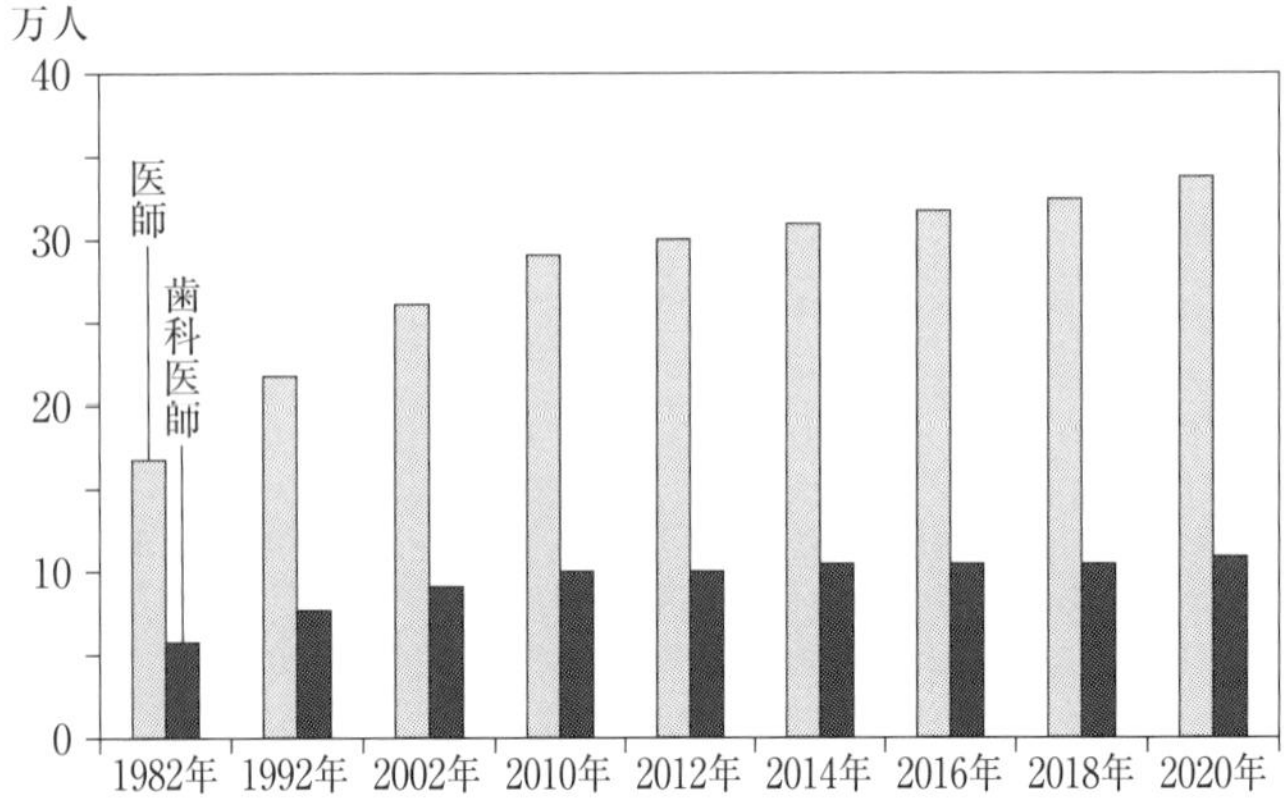

出典：厚生労働省「医師・歯科医師・薬剤師統計の概況」（2020年）

医師・歯科医師ともに開業希望者は増え続けている

厚生労働省が2年ごとに公表している「医師・歯科医師・薬剤師統計の概況」（2020年）によると、医師や歯科医師、薬剤師の数は年々増加傾向にあり、特に歯科医師は大学病院や総合病院などに勤務する人の割合が非常に少ないため、多くの人が早期のうちに開業するという慣習があります。

歯科医院はコンビニエンスストアよりも多いという言説はよく聞かれますが、実際に比較してみるとその数は歯科医院が6万7899施設（厚生労働省「医療施設（動態）調査」

［図表３］医療施設数の年次推移

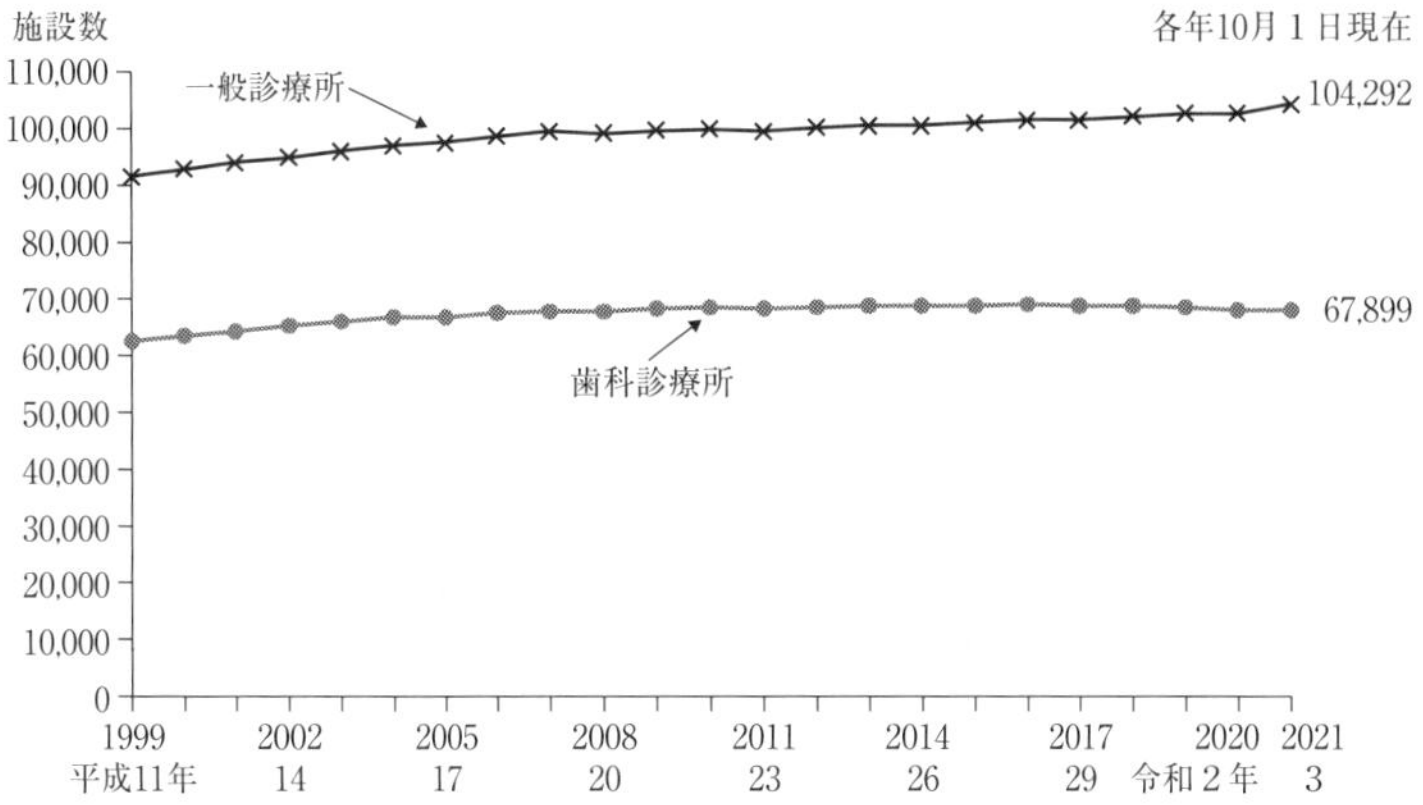

出典：厚生労働省「医療施設（動態）調査・病院報告の概況」（2021年）

２０２１年）、コンビニエンスストアが５万５９５６店舗（日本フランチャイズチェーン協会「コンビニエンスストア統計調査月報」２０２２年）と歯科医院のほうがはるかに上回っています。さらに、医師と歯科医師の数を比較してみると圧倒的に医師が多いことから推測できるように、クリニックの数は歯科医院の数を大きく上回っています。

実際に医療施設数を調査した厚生労働省の「医療施設（動態）調査・病院報告の概況」（２０２１年）を確認すると、クリニックに当たる一般診療所の数は歯科診療所をはるかに上回る10万４２９２施設が存在しています。さらに、その数は年を追うごとに増加傾向にあります。つまり、歯科医院やクリニックはコンビニエンスストアよりもはるかに多く存在しているのです。

日本全国におけるクリニックの年間の新規開業数も厚生労働省の「医療施設調査」によると、以前は約5000施設だったものが、現在は約9500施設に増加しています。また毎年、経営する医師の高齢化や跡継ぎの不在により約7500のクリニックが廃業していることから、若い医師にとっては非常に開業しやすい環境であるともいえます。このことから、今後も開業を希望する医師は増えていくと考えられるのです。

医師にとって開業は一つの夢であり、キャリアの1段階目のゴールでもあります。大学病院や市民病院は安定した勤務先ではありますが、その所得水準は開業医と比較すると低く、リスク管理のために診療・治療に際してのルールの規制が非常に細かく定められています。リスクを避けるための会議も多く非常に多忙になりがちで、ワークライフバランスを保ちにくい勤務環境であることは、ニュースなどでも取り上げられています。医師が勤務医であるために背負わなければいけない煩雑さや多忙さから解放され、自分自身で仕事のやり方や稼ぎ方、仕事と家庭とのバランス、定年の時期を調整することができるクリニック開業は今後も増加していくと見込まれます。

クリニック誘致で安定の収入を得る

これらの要素を考慮すると、少子高齢化と都市への人口集中が進み、郊外の土地の需要が減退するなか、郊外の土地を所有する地主が収益を得るために取るべき手段の一つとしてクリニックへの土地貸しが考えられます。開業を希望している医師と地主がマッチングすることで、地主はクリニックと十分な駐車場を確保できる広い土地を提供し、医師はその土地に郊外でも十分集客できるほどの充実した設備を伴ったクリニックを開業するというものです。

クリニックへの土地貸しにはさまざまなメリットがあります。一般的にクリニックに土地を貸す場合は、原状で貸し出せば造成費用などはクリニック側が負担するため多額の初期費用は必要ありません。さらに、土地が農地で市街化調整区域に該当している場合であっても、クリニックは近隣住民の日常生活に不可欠な施設であるため、適切なステップを経て申請すれば転用を認可されることが多いのです。

土地活用を行ううえでのクリニック誘致の魅力は、なんといってもその収益の安定性です。コンビニエンスストアとは異なり、クリニックは医療機器や建設費の初期投資が大きいためすぐに撤退することはありません。また、医師は開業に当たりコンサルタントと非常に詳細な収益計画を立てて開業することが一般的であるため、余程のことがない限りクリニックの収益が悪化し廃業することはありません。現に私たちが手掛けたクリニックのなかで廃業したクリニックは1件も存在しません。クリニック誘致は土地を貸すだけで安定した収益が長期間得られるまさに理想の土地活用だといえるのです。

新規開業クリニックの大半は借地

医師がクリニックを開業する際には、土地の購入を希望するのではないかと考える人も多くいます。先祖代々受け継いだ土地を他人に売却することに抵抗がある人に対して、クリニック誘致の話を持ち掛けても門前払いをされてしまうことは多いのです。しかし、実際には、この心配は杞憂であるといえます。なぜなら、郊外の広い土地を活用して新規開業を行おうとするクリニックの大半は借地を利用するからです。

この理由は非常に単純で、郊外の広い土地にクリニックを建設しようとした場合、その建設費と設備費が膨大になり、土地の取得費用まで捻出することができないからです。医師は開業するに当たって、都市部のテナントビルに開業しようとする医師と、郊外の広大な土地で開業しようとする医師に分かれます。このうち、初期費用が多く掛かるのは郊外の医療建築のほうなのです。

ただし郊外に新たに建設するタイプのクリニックは、都市部のテナントビルでの開業と比較して、医師の希望を反映した設計を行い、医療機器も多く設置することができます。また、もともと建設されているテナントビルで開業することの多い都市部のクリニックよりも、一から設計できる郊外のクリニックであれば、比較的きれいな施設を建設できるのも特徴です。こだわりの施設を建設する分、初期投資額が非常に高額になる傾向があるため、土地購入費用を抑えクリニックを建設することが一般的となっています。また、開業する医師側としても、土地取得を前提とすると、開業までに時間が掛かるため、それならば事業用定期借地契約で早く開業場所を見つけられるほうがありがたいのです。

私たちが手掛けたあるクリニック誘致案件では、開業する医師の兄が現地をわざわざ確認しに来たことがありました。その医師の兄自身も銀座で開業している内科医で、人通りの多い立地のテナントビルで開業するというリスクの少ない開業手段を選んだ人でした。弟の開業に際し、その開業手段が郊外の土地にクリニックを開院するという一見リスクの高いものだったため、心配で現地を確認しに来たのです。兄はここまで広い土地を借りて大丈夫なのかと心配していましたが、事前にコンサルティング会社が計算した収益計算上は何も問題ありません。立地条件などによりますが、郊外ではゆったり車を駐車することができ、診療科目においてその街で唯一の医師であるという条件を満たせば、商売として十分成り立つからです。

賃料は平均的でも長期にわたる安定が魅力

クリニックを誘致した場合、土地の賃料はごく平均的な額だといえます。その金額は、比較的高額の賃料が提示されるコンビニエンスストアの3分の2から2分の1程度となることが一般的です。

賃料が平均的な一方で、クリニックへ土地を貸した場合にはコンビニエンスストアのように早期撤退が行われる可能性が低く、契約期間満期にわたって一定の賃料が支払われる安心感があります。短期でもよいからより家賃効率の高いテナントを集め続けたいという積極的な土地活用の意向をもっていない場合は、店子を募集したり業態に応じた撤退時のリスクなどを考えたりする必要がないクリニックはとても良い土地の貸し出し先といえます。クリニック誘致はできる限り手間を掛けず安心して土地活用を行いたい地主にとって最適の活用法だといえるのです。

30年事業用定期借地・原状回復で貸し出せる

クリニックに土地を貸すメリットとして、長く土地を借りてくれることが挙げられます。クリニックとしてはその地で長く運営をして評判を上げることを希望しているため、長期の契約を希望することが大半です。一般的には事業用定期借地契約を結び、契約で定められた期間に基づいて土地を貸し出すことが行われます。

事業用定期借地契約とは、事業の用途だけに限定して期間を定めて土地を貸す契約のことをいいます。そのためクリニック運営を目的に貸し出した土地は、宅地や商業施設などほかの用途に使われることはありません。

定期借地契約にはほかにも類型があります。しかし、クリニック側・地主側双方のトラブル防止の観点から考えると、事業の用途を限定する事業用定期借地権を選択することが最良です。事業用定期借地契約はコンビニエンスストアへの土地貸しなどでもよく用いられる契約形態です。

一方で契約期間を長く設定したい場合や、クリニック側が貸し手に建物の買取を求めており、貸し手もそれに合意する場合などは別の形式での定期借地契約が用いられます。

〈定期借地権の種類〉

①一般定期借地契約

使用用途が建物に限定されず、50年以上の長期間にわたり土地を利用する借地権です。

契約の更新はなく定められた期間が終了すれば、土地を更地に戻したうえで貸し手へ返還しなければなりません。マンションや商業施設への土地の貸し出しに用いられます。

②事業用定期借地契約

事業の用途のみに限定して土地を貸し出す契約です。事業用定期借地権の制度が脱法行為として利用されることを防ぐため、公正証書を作成することが必須となっています。また、法律によりその期間は10~50年と定められています。10~30年未満の契約期間を定めた場合には、契約の更新や期間の延長、建物の買取請求権がないことを特約で定めることとされています。この場合、原則として契約終了時には土地を更地にして返還しなければなりません。30~50年未満の契約期間を定めた場合は、契約の更新、延長、建物買取請求権の特約については当事者同士の話し合いで決めることができます。50年以上の契約期間を用いたい場合は一般定期借地契約を用います。

③建物譲渡特約付借地契約

借地契約を行ってから30年が経過すると、借地の上に建設された建物を地主に売り渡すことで契約が終了することを契約当初に特約として取り決めるものです。特約は契約締結の際に行わなければならず、あとで特約を結んでも認められません。特約を実行することで土地と建物の所有者が同じになり借地権が消滅します。使われることはまれですが、初期費用が双方に不足している賃貸マンションの建設などに用いられることがあります。地主は土地を貸すことで定期の地代収入を得て、デベロッパーは定期借地契約が続く期間の家賃収入を得ることができます。

④一時使用目的契約

契約の更新や存続期間が定められていない事業用定期借地契約です。一般的にクリニック誘致の際には用いられません。工事のための仮設のプレハブや物産展や選挙事務所として土地を提供するなど、一時的な使用目的に限って土地を貸す契約です。さまざまな土地の利用が可能な方法として用いられます。

契約の期間については、以前の事業用定期借地契約では10年以上20年以下と借地借家法で定められていました。しかし、２００８年の改正で10年以上50年以下の契約が可能になりました。その結果、多くの場合において30年事業用定期借地での契約が行われています。クリニックからすれば、多くの資金を掛けて建設したクリニックをできる限り長く続けたいという意向があるため途中解約はほとんどありません。これは10年の事業用定期借地契約が標準的で、途中解約も頻繁にあるコンビニエンスストアなどへの土地貸しと大きく異なる点だといえます。

また、事業用定期借地契約の締結においては原状回復義務が課されます。契約が満了し土地が手元に返ってくる場合も、更地で返却されるため建物撤去費用などの追加費用は必要ありません。もちろん、クリニックが非常に盛況だった場合は、医師から契約の再締結や土地の買取などの打診が行われる場合もありますが、返却を希望している場合は土地所有者の意向が優先されます。

土地を貸しても期間が満了すれば返却される

一度土地を貸してしまったら、返してもらえなくなる場合があると考える人も多くいます。しかし、この心配も事業用定期借地の契約で賃貸借期間を明記しておくことで解消できます。

実際に貸した土地を返してもらえないというトラブルはよく見聞きしますが、これらは契約を明確にしておかなかったことが原因となっているのです。貸した土地の上に建物を建ててしまわれたり、資材などの私物を放置されたりすると、その上にあるものは借り手の所有物であるため、勝手に撤去することができなくなるといったものです。貸し手が返還を求めているにもかかわらず、借り手が立ち退きをせず土地を利用できないというものもあります。

これらは土地を貸し出す際に、事業用定期借地契約を結び、原状回復義務を定めておけば、たとえ貸し手が立ち退かなかったとしても裁判所に申し出ることで立ち退きの義務が発生します。また、事業用定期借地の契約では、土地の貸し出し更新については、契約年数に応じて特約であらかじめ定めることとなっています。そのため貸し手の意向を無視して契約が自動更新されるような事態は発生しません。

また、クリニックの運営においては地域からの信頼が非常に重要です。契約に違反して土地の貸し借りのトラブルを起こすことは、その事業の運営において適切とはいえません。そのためクリニックを開業する医師に土地を貸した場合に、地域の評判を無視して土地が返還されないということはまず起こり得ないのです。

周囲の環境にも配慮できる

土地を他人に貸し出すこと以外にも、クリニック誘致を検討する際に多くの地主が心配する点として、それまで自身で管理した土地に大きな建物が建設されて周辺の環境が変わってしまうことが挙げられます。この問題に関しては、クリニック誘致に限ったことではないですが、日照や交通量、駐車場の出入口など、懸念する点があれば交渉の段階で相談することができます。

クリニックを運営するに当たり、周辺地域の評判は欠かせないものです。さらに、土地の貸し手とのトラブルは避けるべきであるため、相談した内容については対応が検討され、落としどころについて話し合われる場合が大半です。

近隣クレームで多いのは、意外なことに日照でも交通量でも営業時間でもありません。

それは驚く人も多いですが室外機の設置場所です。庭や玄関前に業務用の室外機による強い風が舞い込むことを避けたいという人は多くいます。室外機の場所は要望を出せばクリニック側が設計段階で配慮し、設置場所を調整する場合が大半です。

元農地はクリニック誘致のチャンス大

クリニックに貸し出す土地は、医師が探す条件に当てはまればどんな土地であっても対応できます。しかし、実際にその医師が借りたいと思う土地の条件は一般的に需要が少ない元農地や市街化調整区域であることが大半です。

元農地が開業を希望する医師から人気が高い理由は、医師が求める土地が広大であるためです。一般的に商業施設や宅地を建設することができる市街化区域の場合、利便性が高い場所かつ人口密度も高い一方で、多くの土地が宅地や商業施設の建設に使われてしまっていて広大な敷地を確保することは困難です。

一般的に郊外にクリニックを開業しようとする場合は、患者の来院方法に車が想定されているため、かなり広い駐車場を確保することが必要です。また、大半の患者が車で来院することを想定しているため、必ずしも人口が密集している地域にクリニックを建設する必要はありません。それよりも広めの医療施設を建設し、設備を充実したものとすることで遠方から多数の患者を呼び込めるようにすることが優先されるのです。

その結果、クリニックの建設予定地として好まれるのは、郊外の周囲に何も商業施設がないような場所です。多くの場合は広大な敷地をもつ農地で、そのほとんどは市街化調整区域に指定され開発が抑制されてきた場所です。

私たちが土地の提供を頼みに行くと、このような郊外にクリニックを建設して患者は来るのかと驚かれる場合もよくあります。しかし、車で来訪することを前提とするならば、市街化調整区域に建つクリニックは、交通の利便性が高く患者が集まりやすいのです。

商業地や住宅地よりも田畑に囲まれた郊外が人気

たとえ商業地や住宅地に広大な土地があり、郊外の土地と競合した場合であっても、郊外の土地が選択される場合も多くあります。それはクリニックが一般の商業施設とは異なる観点で運営されていることに理由があります。

商業地で広大な土地となると、車線が多い大通りのロードサイドにある元店舗の土地が挙げられますが、そうした土地は賃借料が非常に高いため、クリニックの経営を圧迫しがちです。また、大通りのロードサイドは車通りが非常に多く車線も複数あるため、患者が病院に入りにくいという特徴があります。クリニックに来院する患者は、高齢者や体調が悪い人が多く、車通りの多い道路の走行や道路を横切っての来院が難しい場合が多くあります。このため新しくクリニックを建設する候補地は車通りの多いロードサイドは避けられる傾向にあるのです。

住宅が密集している住宅街も、人口密度が高い地域であるため良さそうに見えますが避けられる傾向にあります。住宅街は細かく土地が分かれて広大な用地が確保しにくいうえに、駐車場の拡張を希望した場合に近隣に確保しづらいという特徴があります。クリニックが評判を呼んで来院者が増加した場合に、まず検討されるのが駐車場の拡張です。将来の規模拡大を見込むのであれば、周囲に新しい駐車場の確保を交渉しやすい田畑が多い地域のほうが医師には好まれやすいのです。

医師から人気の土地

市区町村の境目や県境の市区町村に当たる土地も医師の開業希望が多い土地です。こうした土地も都市部から外れた場所に位置しますが、その分、近隣の市区町村からの往来が多く、周辺市区町村の患者を呼び込める傾向があります。

流通大手のイオンは「キツネやタヌキの出る場所に出店せよ」という号令のもと、地価の安い土地に出店し、周辺市区町村から顧客を呼び込んでいますが（東海友和『イオンを創った男』プレジデント社）、クリニックにおいても同様の戦略が用いられています。市街地から遠く離れた青森県おいらせ町のイオン下田店には、市街地の八戸など20㎞圏からも顧客を呼び込んでいます。同様に評判の良いクリニックは数十㎞離れた場所からも患者が集まるのです。たとえ住宅地と離れた場所に立地していても、周囲に複数の住宅地が存在する立地であれば、そこから多くの患者を呼び込むことができると考えられるのです。

医師も困っている開業のための土地探し

クリニック設立を希望する医師からの相談は多くある一方で、候補地となる郊外の土地は足りていないというのが現状です。

医師に土地が提供されていない理由は2つ挙げられます。1つ目はそもそも土地を貸そうとする地主が少ないこと、そして2つ目は候補となる土地を不動産業者が好んで取り扱わない傾向にあることです。

医師が好む郊外の十分な広さをもった土地は、大半が市街化調整区域に指定されている農地であるため、その土地をもつ地主の大半は農地以外の用途で土地を活用できると考えていません。そのため不動産業者に土地の仲介を依頼しようという発想をもっていないことが大半です。また不動産業者側も用途が非常に限られており土地の賃借料が非常に安い市街化調整区域の賃貸借案件を扱うことを好みません。その結果、医師が求める郊外の広大な土地は不動産仲介業者の取り扱いがほとんどなく、現状では医師やクリニック開業コンサルタント、建設業者などが候補地を地道に探し、見つけた候補地の持ち主に直接連絡・交渉を行うことで土地を借りているのです。

このため現状では借り手(医師)と貸し手(地主)の関係性は貸し手が非常に有利な状況にあるといえます。医師がクリニック開業を行う条件に合う土地を提供すれば、借り手は非常に見つかりやすく、ほかの候補地も少ないため土地を貸し出す際の交渉も有利に進めることができるのです。

郊外の土地に開業するクリニックは人気を得やすい

医師が郊外の土地を探す理由は広さだけではありません。郊外の医療環境は競争が激しいとはいえず、目新しいサービスを提供すると比較的、人気を得やすい状況にあります。これが郊外での開業が人気を高めている理由なのです。

例えば、周囲を田畑に囲まれたなかに開業した歯科医院の場合は、インプラントや矯正歯科など専門的な医療サービスを提供することでたちまち患者数を増やしました。それまでその地域に古くから開業している歯科医院は、専門的な診療を提供しておらず、周囲の住民はインプラントや矯正の治療を受けるために市街地まで通う必要があったからです。特に中心地に通う場合は駐車場がある場合が少ないため、電車に乗り換えたり離れた駐車場に車を停めたりして通院する必要があり、郊外からの交通の利便性は非常に悪くなっていました。その歯科医院であれば十分な駐車場があり、ごく近隣の住民であれば自転車で通うこともできたので非常に重宝されたのです。

クリニックについても、郊外では内科を中心とした何でも診察するクリニックが多く、専門の診療科目をもつクリニックが足りていない地域がまだまだ多い状況です。一方、近年の医療の専門化の影響を受けて、患者の専門科目志向は高まっています。特に高齢者の医療については、症状に合わせた適切な医療を求める需要が非常に高く、多くの高齢者が時間を掛けて総合病院や大学病院に通っています。近隣に交通利便性が高く、診察や会計の待ち時間が少ない傾向にある専門的なクリニックがあれば、自然と人気が高くなる傾向にあるのです。

このように、これから開業を行おうとする医師の多くは医療へのアクセスが悪い郊外へクリニック運営の活路を見いだそうとしています。そんな医師にとって、郊外の使い道に困った広大な土地は非常に魅力的に映る開業候補地であるといえるのです。

医師に人気の地域は都市部から車で30分から1時間の距離の場所

これまでの傾向としては、医師の開業に人気の地域は、都市部から車で30分から1時間程度の距離の立地となっています。これはクリニックのマーケティング面での要素ではなく、医師の自宅との距離に関係したものです。

一般的に医師は子どもの教育面での充実を考えて都市部に家を構えることが多くなっています。その場合に、自宅から通うことができる距離の場所として車で30分から1時間までの距離の場所にクリニックを構えたいと希望するのです。自宅からの通勤の利便性を考えれば、都市部での開業が最も良いはずですが、今のところ都市部のクリニックは飽和状態にあり、クリニック経営には良い環境ではありません。そのため、これから開業する医師は都市部からほどよく離れた郊外で候補地を探すことが多くなります。

[図表4] 名古屋市居住の医師が車通勤できる範囲

私たちが主としてクリニック誘致を行っている愛知県では、名古屋市に居住する医師が車通勤できる範囲は、東は岡崎市、西や北は岐阜県や三重県との県境、南は半田市までが目安となります。今のところ開業用地としては宅地が多い愛知県の西三河地域で需要が増え、西側での尾張地区、車で通勤1時間圏外の東三河地区の開業は少ない状況となっています。

一方で、医師の開業の需要が少ない東三河・尾張地域は専門的な診療科目をもつクリニックが不足している傾向にあります。つまり、これらの地域は今後専門的な診療科目をもつクリニックを開業すれば成功しやすい地域と考えられ、今後は競争が激しくなりつつある西三河地区を避け、開業希望者が増えると予想されています。同様のことは日本全国に起こっていると考えられ、現在医療体制が不十分だと感じられるやや不便な地域は今後開業しやすい地域であるともいえるのです。

第3章

クリニック探しから事業用定期借地契約まで

クリニック誘致を成功させるための3ステップ

[図表5] クリニック誘致のための3ステップ

【1】土地条件の調査	【2】開業予定の医師探しとマーケティング調査	【3】契約交渉と締結
・クリニックに求められる土地の条件を知る ・土地の性質を知る ・土地の坪単価(貸地)を調査する	・土地の仲介業者に連絡をする ・貸地資料を作成する ・借り手を募集し診療圏調査を行う	・医師と要望のすり合わせを行う ・医師のローン審査 ・契約書特約事項の作成 ・医師から出店申込書、確定測量に関する覚書を受け取る ・関係者顔合わせ ・行政書士による建築許可申請(市街化調整区域のみ) ・契約

把握しておきたいクリニック誘致の詳細

地主が所有する土地にクリニックを誘致しようとした場合、大きく分けて、

①土地条件の調査
②開業予定の医師探しとマーケティング調査
③契約交渉と締結

という3つの段階で検討が進んでいきます。多くの場合、土地を仲介する事業者とコンタクトを取れば、大半の事業者が詳細を説明したうえで、ほとんどの手続きを主導してくれます。しかし、より適切な仲介業者とコ

ンタクトを取るため、さらには一連の流れを確認して問題なくクリニック誘致を進めるために、地主もその詳細を理解しておく必要があります。

ステップ1 土地条件の調査

クリニック開業を予定する医師に土地を貸し出すためには、まずはどんな土地が求められているかを知ることが必要です。一般的に利便性が良いとされる土地ではなく、郊外の土地が医師から求められていますが、実際にクリニック開業に当たり求められる条件は細かく規定されています。

まずは、どのような土地であれば借り手が付きやすいかを把握したうえで、合致する土地があれば適切な関係者に申し出てマッチングの段階に進みます。実際に開業するか否かの判断はクリニックの開業コンサルティング会社による診療圏調査などが行われたうえで最終的な判断が下されます。

[図表6] クリニック建設において理想となる駐車場設計

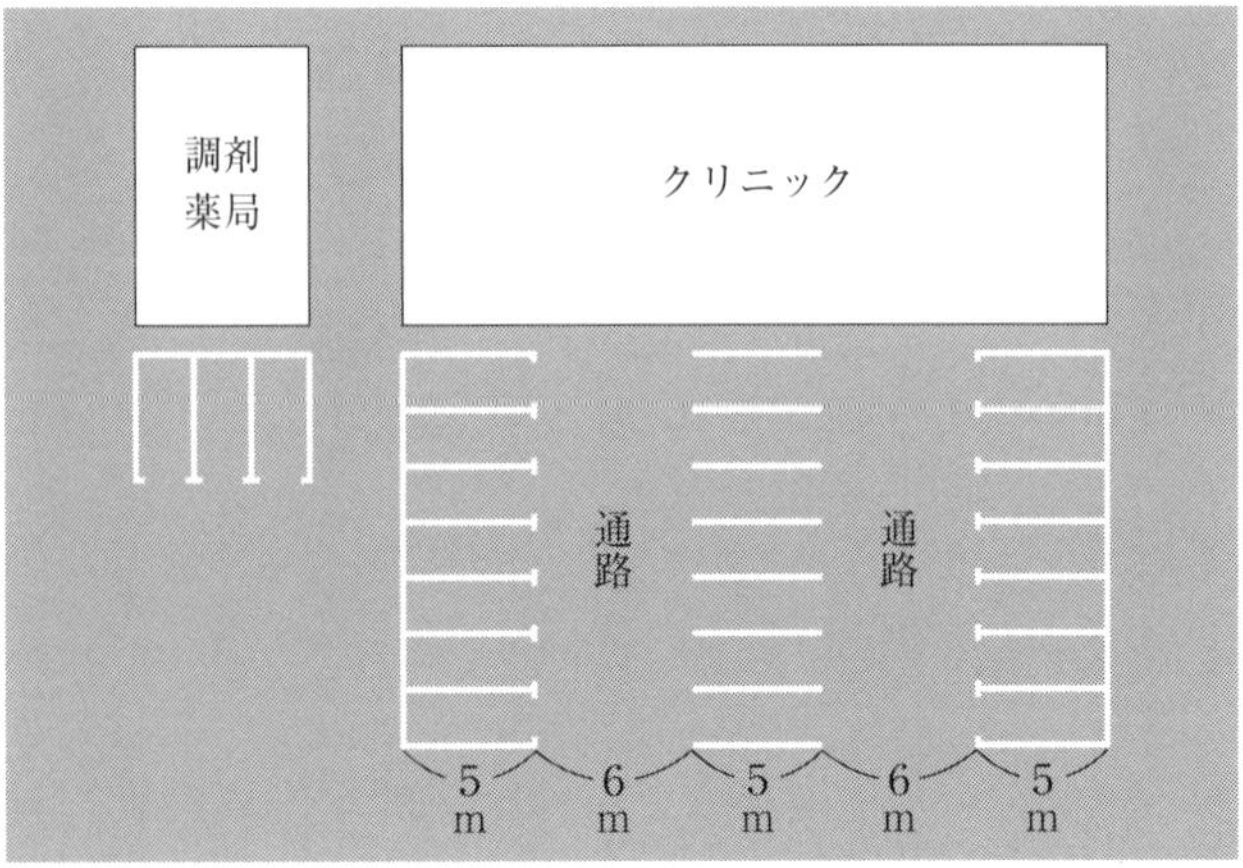

理想は整形地で道路に接する面が多い土地

医療建築において理想となるのは、整形地に近い形状の立地です。この形状の場合は建物と駐車場の設計がしやすく、かつ無駄なスペースも発生しにくいです。立地の形状が悪い場合は、たとえ坪数が多くとも駐車場のスペースをうまく確保できない場合もあるため注意が必要です。ただし、整形地に近い形状の立地ではなくても、設計士の提案するプランによっては誘致可能な場合もあります。

また、できる限り道路に接している面が多い土地も好まれます。郊外のクリニックに来院する患者の交通手段としては主に車が使われるため、道路からの進入、クリニックからの退出の動線を適切に取ることがクリニックへの好感度向上につながります。2方面以上の出入口がある場合は、入口専用・出口専用の口を設定し、駐車場の動線も安全に指示することができます。通路幅は6m以上が好ましく、それ以下である場合は駐車場の設計が難しくなります。接する道路は車両の行き来が多過ぎると出入りがしづらくなるため、さほど交通量は多くないほうが好まれます。

接する道路については中央分離帯のない道路が好まれます。実際に運転をする人であれば想像しやすいですが、中央分離帯のある道路は右折・左折がしづらくロードサイドの施設に入りづらいという特徴があります。医師から中央分離帯のある道路と接していないことをリクエストされることも多くあります。

医師が探すのは300坪以上のまとまった敷地

郊外でクリニック開業を希望する医師は平均して300坪以上のまとまった土地を探す傾向にあります。必ずしも300坪以上でなければ土地を貸し出せないわけではなく、その必要となる広さはクリニックの診療科目ごとに異なります。

●内科　300坪以上

クリニックを開業する診療科目のうち、最も多い割合を占めるのが内科です。内科の場合、60～100坪を内科の施設建設のために使い、残り200坪を駐車場に割り当てます。200坪の駐車場に駐車できる車の数はおよそ20台で、5～6台分はスタッフ用に確保することができます。

●整形外科、リハビリテーション科　500坪以上

診察室や待合室などのほかに、X線の撮影室やリハビリテーション機材を設置するリハビリテーション室などを配置することが必要な整形外科、リハビリテーション科は広い施設が必要とされます。また、患者がリハビリテーションや施術などのために長く院内にとどまる傾向があるため、駐車場の台数も豊富に確保する必要があります。市街地のビルのなかに立地する整形外科クリニックなどは最小限の設備で運営されている場合も少なくありませんが、郊外で広い領域から患者を呼び込むクリニックにするためには、専門的な施

設の併設が必要になります。

●精神科・心療内科　150坪以上

比較的小規模な敷地であっても、必要な設備が少なくコンパクトな施設でも開業を行うことができる精神科・心療内科であれば誘致を行うことが可能です。駐車場は10台程度を確保できれば十分といえます。心療内科の場合は、通院していることが周囲に知られることを避ける患者が多いため、見通しの良い場所にある立地よりも少し奥まった立地のほうが好まれる点も特徴です。

●歯科　200坪以上

内科よりも広さを要しないものの、比較的ゆったりとした広さが必要なのが歯科です。都市型や住宅地型の歯科と比較して、わざわざ車で来院をするような郊外型の歯科に訪れる患者は、待合や治療室での快適性のほか、そこでしか受けられない特別な治療を求めます。そのため一般的な歯科よりも広い敷地面積が求められるほか、駐車場もスタッフ駐車分を除いて10台程度が駐車できる広さが求められます。

●眼科　400坪以上

眼科は専門的に使用する機器類が多く、施設を広く確保する必要がある診療科目です。また、白内障やレーシックの手術を行う場合は、手術室の設置も必要となるため、100~150坪程度の施設が必要となる場合も多くあります。診察の回転は速いものの、コンタクトレンズの処方などで院内にとどまる患者も多いため、駐車場の台数もしっかり確保する必要があります。

●耳鼻咽喉科・皮膚科　300坪以上

内科と同様に60~100坪程度を施設建設のために確保し、200坪程度を駐車場に充てる設計が多くなっています。郊外型の耳鼻咽喉科・皮膚科は幅広い世代が受診するため、高齢者向けのスロープを設置したり、乳幼児向けのキッズスペースを設置したりするためにスペースを広く確保するクリニックもあります。

●脳神経外科　400坪以上

脳神経外科はCTやMRIなど専門の機器を設置するため、内科よりも広い施設を建設する必要があります。また、専門クリニックとしての特色を出すために神経疾患の診療やリハビリテーションなどにも対応する場合は、診察室を増やしたり、リハビリテーション室を設置したりする必要があります。そのため、サービスを充実させようとすればするほど施設面積が増える診療科目だといえます。

●産婦人科（入院施設付き）　700坪以上

分娩施設をもたない婦人科の場合は、内科と同程度の広さで開業できますが、分娩施設をもつ産婦人科の場合は、分娩後の入院施設も必要となるため、非常に広い敷地が必要になります。駐車場についても外来患者用やスタッフ用のほかに、見舞客用の駐車場の確保も欠かせません。産婦人科の誘致にはかなり広大な土地が必要になるといえます。

●泌尿器科　300坪以上

泌尿器科は内科の要素を兼ね備えていることも多く必要な広さも内科と同程度です。泌尿器科ならではの設備もありますが、さほどスペースを取るものではありません。60～100坪程度の施設と200坪程度の駐車場が最低限の広さとしては求められます。

クリニック誘致には調剤薬局がセット

クリニックを誘致する場合には、クリニックが処方する薬を扱う調剤薬局（別名：門前薬局）の出店がセットになることが多数あります。整形外科など薬を処方する場合が少ない診療科目は、クリニックによる院内処方が行われる場合もありますが、内科や小児科をはじめとする多くの診療科目では院外処方が基本です。

この調剤薬局はクリニックの敷地内に建設されることがありますが、50坪以上が必要でありクリニックの敷地に十分な余裕がない場合は、近隣に新たな土地を借りて出店することもあります。多くの地主は、周辺が田畑ばかりの土地にクリニックの誘致は難しいと考えがちですが、調剤薬局など関連する施設が土地を借りる余地がある田畑が豊富にある地域こそ、クリニックを誘致しやすい土地柄だといえるのです。

周囲に公共施設のある土地や地盤の良い土地が好まれる

クリニック誘致候補地の周囲に小、中、高等学校や幼稚園、公共施設がある場合は、クリニックまでの交通案内が非常に分かりやすくなるため医師から歓迎されます。

郊外型のクリニックの場合は、周辺地域の患者はもちろんのこと、ほかの市区町村からの来院も非常に多くなります。その場合、学校施設や公共施設は大まかな目印になりやすく、来院者が道や距離をイメージしやすいという利点があります。近年利用されることが多い車のナビゲーション装置でも施設名で検索しやすいため来院が非常に便利になります。

また、東日本大震災をはじめ、熊本、北海道などで大きな地震が発生し、毎年のように台風や大雨の大規模な被害が発生する日本において、医療機関の防災対策の充実が求められています。防災対策のなかでまず重視されるのは、医療機関の立地条件であり、これからクリニックを開業する医師の大半は被災するリスクが少ない土地か否かについて非常に気にしている傾向があります。

近くに池、川、海がない土地か否かはもちろん、地盤、地質、地形などの立地条件を確認し、山崩れ、落石、津波、延焼などの危険性について契約前に調査が行われることがあります。医師に土地を貸し出す際には、事前に保有する土地の周辺で過去に災害が発生したか、ハザードマップ上でどの程度災害の危険性が示されているかを把握しておく必要があります。

道路との高低差はかさ上げが必要な場合も

クリニックを誘致する土地と道路に高低差がある場合は、道路から駐車場予定地へスムーズに車で入れるように土地のかさ上げをする必要があります。費用はその土地の広さや高低差に応じて掛かり、300〜500坪の場合は500万円程度が必要になります。このかさ上げの費用は、地主が負担する場合もあれば、借り手の医師が負担する場合もあります。医師が負担する場合は、医療建築の初期費用が上がるため、道路との高低差のある土地は避けられる傾向にあります。

高低差がある土地を保有している場合は、かさ上げ費用を負担できるのであれば、土地の仲介業者に借り手が付いた際に土地を地主負担でかさ上げすることを伝えるとマッチングがスムーズに進みます。土地の状態によってはかさ上げ費用が高額になる場合もあるため、医師との交渉に入る前に見積もりを取得し費用を把握しておく必要があります。

土地の性質を知る

クリニックに土地を貸し出すためには、自身の保有する土地がどのような性質の土地かを知らなければなりません。土地の正確な大きさだけでなく、土地という財産にどのような義務や権利が発生しているかを知り、活用に制限がないかを確認します。手元に書類がない場合は、最寄りの法務局で登記簿を入手し、自身の土地がどのような状態にあるのかを確認します。

保有する土地にクリニックが建設できるか否かを確認するため、まず確認しなければならないのは、都市計画法に基づく区域区分と用途地域です。日本全国の土地は地域ごとにこの区域区分と用途地域によって、建設できる建物の種類や規模、用途が細かく定められています。クリニックの建設の可否も基本的にこの区域区分によって定められています。

そこでまずは保有する土地が都市計画区域の区域内か区域外であるかを確認する必要があります。通常、三大都市圏や政令指定都市の周辺地域、県庁所在地近辺、住宅地、商業地の周辺は都市計画区域とされています。

土地が都市計画区域内である場合には、住宅や商業施設を建設できる市街化区域か、基本的に建物や商業施設を建設することができない市街化調整区域か、それとも指定を受け

[図表7] 用途地域の指定の有無

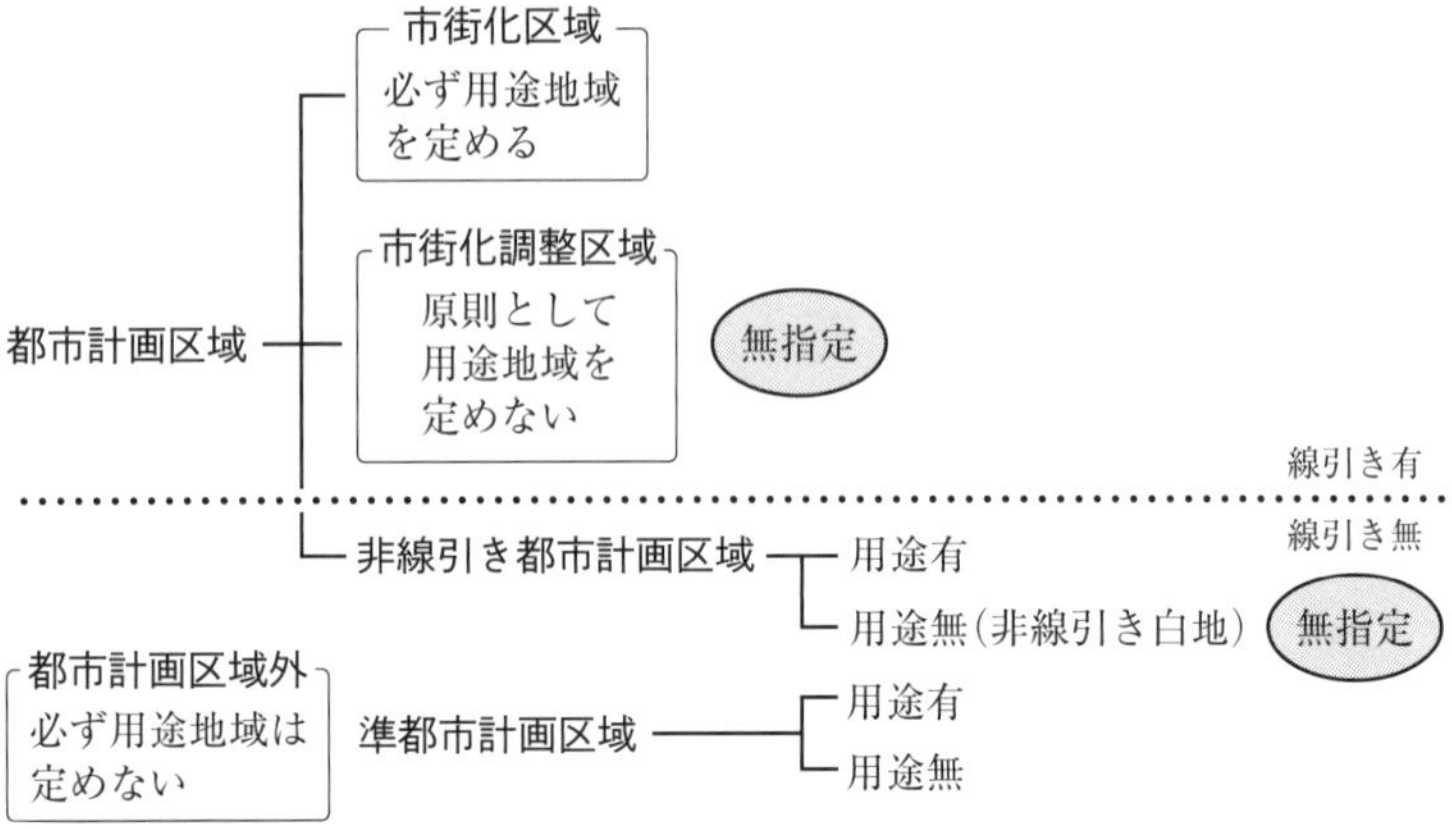

ていない非線引き都市計画区域なのかを確認します。

市街化区域、非線引き都市計画区域の場合は、定められている土地の用途がクリニックの条件に合致していればクリニックを建設することができます。非線引き都市計画区域の場合は用途が指定されていない場合もあり用途の制限を受けません。

市街化調整区域は、都市計画法で市街化を抑制することが定められた地域であるため、人が住むための住宅や商業施設を建設することは認められておらず、基本的には農業や林業を行う地帯として指定されています。しかし、医療施設は地域住民の生活に必要な公共性の高い施設であるため、自治体と事前協議を行い、届け出をすれば建築の許可を得ることができます。

土地が市街化調整区域に指定されている場合は、土地を貸し出すに当たって自治体との協議や届け出に慣れた行政書士に依頼し、自治体との交渉を行う必要があります。市街化調整区域にクリニックを誘致する場合は、市街化区域と比較して手間と時間が掛かるため、その点を踏まえて準備を行う必要があります。自治体との交渉に長けた行政書士については、土地の仲介業者に相談して探します。

保有する土地が都市計画区域外である場合には、用途地域は必ずしも定められていません。地域によって用途設定の有無が変わるため、区役所や市町村役場にある都市計画図で確認するほか、インターネットで用途地域の指定を検索すると、クリニックを建設できる用途地域か否かを確認することができます。ただし、インターネットの情報は、公的な機関が公開しているものを除き、情報が古かったり不正確だったりする場合があるので、最終的には必ず最新の都市計画図で確認する必要があります。

第一種低層住居専用地域は調剤薬局建設が難しい

十分な広さがある場合でも、併設する調剤薬局が建設できない土地もあります。それが用途として第一種低層住居専用地域と定められている土地です。宅地は郊外型のクリニック開業を希望する医師からはあまり好まれませんが、住宅地型の内科や比較的施設面積が小さくても建設可能な精神科・心療内科の場合は、住宅地の土地も候補に入ります。しかし、許認可の関係で第一種低層住居専用地域には調剤薬局を建設することが難しくなります。

第一種低層住居専用地域には住宅と診療所を建てることが認められていますが、薬局は建築基準法では物販店舗と分類されるため、特定の場合を除き建設できない規定が定められています。例外的に認められるケースは、住宅に併設された薬局で、薬局面積が全体の50%以下でかつ50㎡未満のものです。

こうした土地に無理に調剤薬局を併設する場合は、実際に2階部分が住宅、1階部分が調剤薬局の建物を建てて、2階部分は休憩室などにする場合が大半なのですが、投資効率から考えて非常に無駄が多い施工になってしまいます。

周囲に薬局がない郊外の土地のクリニック開業においては、調剤薬局の併設は欠かせないものです。そのため、第一種低層住居専用地域の土地活用を考えるうえでは、調剤薬局を設置しづらいという点で不利になるということは踏まえておくべきなのです。

生産緑地の指定を受けていないか確認する

土地が市街化区域に立地していても、現在農業を営んでいる場合は土地が生産緑地に指定されていないかを確認する必要があります。生産緑地に指定された土地は30年間の営農義務を負うため、その期間中は農地を維持しなければなりません。一方で、現在生産緑地に指定されている土地の大半は、1992年の生産緑地法の改正により指定されたものであるため、2022年に農地を維持するのか、農地転用を検討するかの判断が行われているはずです。生産緑地を保有している場合は、2022年に自身の農地についてどのような判断をしたかについて確認をする必要があるのです。

生産緑地に指定されている場合は、固定資産税の評価額が周囲より低く設定されているため、自ら周囲の土地の固定資産税の相場と比較するか税理士に確認すれば、指定を受けているか否かを確認できます。また、生産緑地である場合は、現地に生産緑地指定地区の看板が掲げられているため、標識が残っている場合はそこから確認できます。

保有する土地は青地か白地かを確認する

土地が市街化調整区域に指定されている場合でも、事前協議と申請によって土地にクリニックを建設することはできますが、例外もあります。それは、その市街化調整区域が青地に指定されている場合です。

青地とは農業振興地域内農用地区域内農地のことで、略して農振農用地と呼ばれます。このような土地は、整備計画で作成される計画図において、青く塗られているため青地、あるいは色地と呼ばれます。

青地農地は、国の定める農業振興地域整備基本方針に基づいて都道府県知事により指定されている地域で、かつ農業振興地域内に集団的に存在する農地や、生産性の高い農地であるなど、農業としての利用を確保すべき土地として定められています。そのため、今後10年以上にわたり農業に利用することを確保するため、農地以外の利用を厳しく制限されています。このため、青地に指定された土地の場合は、基本的にクリニックを誘致することができません。

他方、白地農地と呼ばれる地域は農業振興地域内農用地区域外農地であり、農地の集団性が低く、土地改良事業を実施していないなどの理由から青地の指定がされていない農地です。基本的に、手続きを経てクリニックを建設できるのはこの白地の農地です。

保有する農地が青地であるのか白地であるのかは、各市区町村の担当部門で調べることができます。農林課、農政課、農林業振興課などの名称の部門の窓口に出向くか、電話をするなどすれば確認することが可能です。

また、土地の利用状況の区分である地目を土地の登記簿の記載から確認しておくことも必要です。地目は全部で23種類ありますが、主に使われるものは宅地、田、畑、山林、雑種地の5種類です。

この地目が田や畑の場合は、クリニックを建設するに当たり法務局で地目の変更が必要です。農地の転用の許可を得て、転用のための工事を終えたら地目変更を行います。

農地とされていた土地は転用手続きと工事が行われると、農地ではなくなってしまうため、現実に合わせて登記の地目も変更する必要があります。この手続きは地目が変更されてから1カ月以内に行うことになっています。土地をクリニックに貸し出す場合、この地目変更は地主側が行わなくてはなりません。土地を貸し出す前には、必ず地目を確認し、用途を変更した場合には忘れずに手続きを行う必要があります。

土地に抵当権が設定されていないかを確認する

医療建築のために土地を貸し出す際には、その土地に抵当権が設定されているかどうかについて事前に確認する必要があります。抵当権とは、金融機関などから借入をする際に土地や建物に対して金融機関が設定する権利のことです。

土地を貸し出す際には、土地の借り手の借地権と金融機関が設定した抵当権では、状況によって抵当権のほうが優先される場合があるため、貸した土地を開け渡さなければならなくなるリスクがあります。このように、抵当権が設定されている土地の借入はトラブルになりやすいため、一般的には土地に抵当権が設定される場合は土地を借りることは避けるべきとされています。

土地を貸し出すことを検討する場合は、必ずその土地に抵当権が設定されていないかを確認するようにしましょう。抵当権の有無については、法務局で登記簿（登記事項証明書の全部事項証明書）を取得すれば確認することができます。

土地の正確な大きさを確認する

土地の正確な大きさを把握しておくことも土地を貸し出す場合に必要となる情報の一つです。一族が先祖代々管理してきた土地である場合、土地の境界や正確な大きさがあいまいになっていることも珍しくありません。所有する土地の正確な大きさについては、登記簿に記載されています。土地を管轄する法務局で登記簿を入手すれば、正確な土地の大きさを知ることができます。

土地の正確な大きさは、土地の貸し出し費用の算定に欠かせないものです。土地貸し出しの仲介を依頼する場合は、事前に登記簿を取得して正確な情報を伝えられるように準備をしておく必要があります。

公共下水道が通っているかを確認する

これまで住宅や商業施設を建設していなかった土地については、公共下水道が整備されているかを確認する必要があります。特に郊外の農地の多い区域については、公共の下水道が整備されていない場合が多くあるためです。

公共下水道が通っていない場合は、トイレなどからの汚水をそのまま側溝や水路に流してはならないため、合併浄化槽という汚水と生活排水を処理する設備を敷地内に設置する必要があります。この設備の設置については、下水の引き込みよりも数十万円から数百万円余分に費用が掛かるため、借り手が検討をする際に必ず確認が行われる点なのです。

土地の坪単価を調査する

土地の性質を確認し、貸し出すことができると判断した場合は、どの程度の価格で土地を貸し出せるかを調査する必要があります。市街化区域の宅地などの場合は土地の貸し出しが多く行われているため、周辺の取引の価格を調べれば簡単に相場を把握することができますが、郊外の元農地などの場合は、土地の貸し出しの取引が少ないため、相場を把握するのが難しいことが大半です。

相場を確認するためには、まずは不動産仲介業者を訪れ、周辺の宅地の貸し出し相場を確認するようにしましょう。また、農地を貸し出す場合には、農業協同組合の不動産部に赴けば、これまでの周囲の土地における農地としての貸し出し相場を知ることもできます。これらの要素を基に相場を大まかに予測し、自身の希望も盛り込んで貸し出し価格を設定すれば、相場と大きく離れた額にはなりません。

ステップ2 開業予定の医師探しとマーケティング調査

保有する土地が医師の開業に適したものであり、土地の性質上クリニックを建設できるもので貸し出し相場に納得ができるようであれば、開業予定の医師探しやマーケティング調査を行ってくれる土地の仲介業者を探します。この場合、連絡を取るのは一般の不動産仲介業者ではなく、クリニックの開業に関わるクリニック開業コンサルタントや建設事業者が適切です。

一般の不動産仲介業者は、クリニックに貸し手を制限する仲介をほぼ引き受けてはくれません。一方で、クリニック開業コンサルタントや医療建築を手掛けている建設事業者は常にクリニック開業の候補地を探しています。連絡をした企業が土地の仲介を扱っていない場合もありますが、その場合は適切な建設事業者への紹介を依頼することもできます。まずは近隣のクリニック開業に携わっている建設事業者を探し、連絡を取るのがよいです。

クリニック開業の鍵を握るコンサルタント

私は医療建築に特化した建設会社を経営していますが、クリニックなどの建設だけでなく開業を考えている医師と地主をつなぐ仲介業務の仕事も行っています。しかし、開業コンサルタントがどんな仕事をしているのか理解している地主はほとんどいません。実際に医師のクリニック開業に当たって土地を借りるために地主のもとを訪れた際に、開業コンサルタントとは何をする人かとよく尋ねられます。私たちが訪問する地主のうち、多くの人は60代以上であるため、コンサルタントという言葉の響きを聞いただけで怪しいと感じる人も多くいるようです。しかし、クリニックの開業に際して、コンサルタントの知見を活用して開業のためのマーケティングを行ったり、運営のサポートを受けたりすることはいまや一般的なことだといえます。

多くの医師は専門分野の治療についての知見は十分にありますが、経営についての知見はほぼありません。開業コンサルタントはその医師に対して、経営計画やマーケティング、会計について調査やノウハウの伝達を行うことで開業を支援します。また、支援は開業時のみに限らず、運営時の業務改善の提案や人事、システムの導入についてサポートを行う場合もあります。開業コンサルタントは、これまで医師の開業からクリニックの運営までを横断的に支援してきた豊富な経験を基に、医師をサポートする相談役としてなくてはならない存在といえるのです。

貸地資料を作成する

仲介業者が決まると実際にクリニックの募集の準備を進めます。まず作成するのは土地の貸地資料です。貸地資料には、賃料のほか契約期間、土地面積、都市計画法上の分類、建蔽《けんぺい》率、容積率などの情報が必要です。仲介業者には取得した登記簿などこれまでに収集してきた資料を提供し、仲介業者に貸地資料の作成を依頼します。

貸地資料はクリニックと条件をすり合わせるための重要な資料です。作成するに当たり、土地の用途や建設の条件など要望がある場合はできる限り作成の前に仲介業者に伝えておく必要があります。

[図表8] 土地の貸地資料

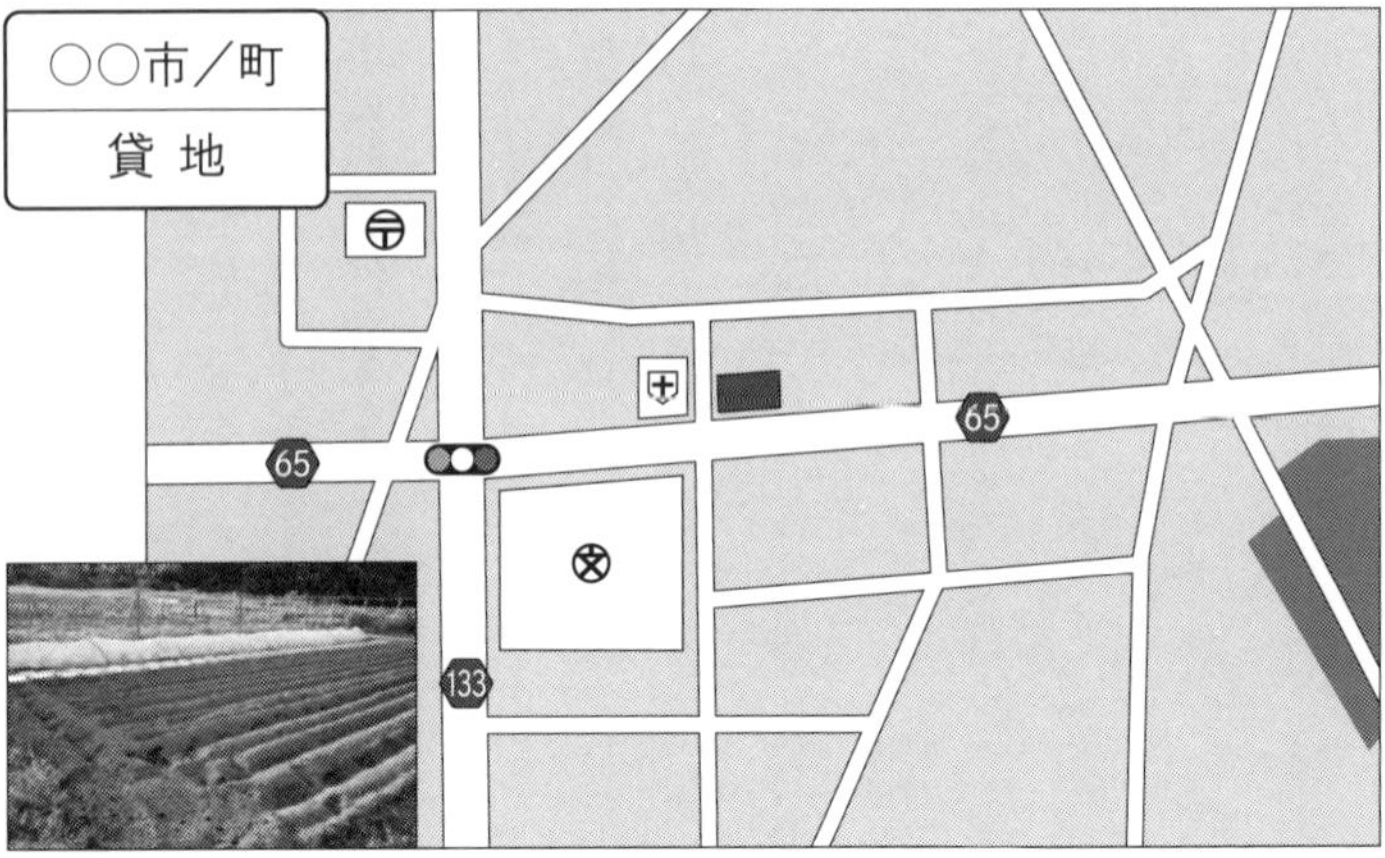

物件種目	事業用定期借地		
最適用途	診療所		
土地面積	㎡	ほかに私道面積	無し㎡
	坪		
賃料	応相談	3.3㎡単価	円
	保証金応相談		

所在地			
交通		徒歩	
借地権の種類	事業用定期借地権		
契約期間	応相談	地目	
都市計画	市街化調整区域	用途地域	
建蔽率		容積率	
他の法令上の制限			
現況	畑	引渡日	応相談
接道状況（角地・間口）			
設備			
備考	本土地は建設の条件付き（設計は応相談）とすることを予めご了承ください。		

借り手を募集し診療圏調査を行う

貸地資料が完成したら、土地の借り手の募集が始まります。仲介業者やコンサルティング会社が開業する医師に土地情報を提供し、希望する医師を募っていきます。医師が土地を気に入った場合は、クリニック開業コンサルタントが診療圏調査を行い、医師が開業する診療科目について十分な集客が見込めるかを分析します。

診療圏調査は開業候補地の周辺の状況を把握したうえで、どの程度の患者数を見込めるかを統計データから推測するもので、新しくクリニックを開業する場合は必ず行う必要があります。対象とする患者の通院が見込めるエリアを診療圏として設定し、その診療圏の人口に、患者調査によって導き出された受療率を掛けて割り出された想定地域患者数を競合医院数で割ることで、受診が見込める患者数を推測します。統計データのほかにも、開業予定地周辺の道路環境や周囲の建物を確認し、視認性が良いか、日当たりや隣地の状況はどうかなど、クリニックのイメージに関わる情報も収集します。

医師が土地を借りて建設するか否かはこの診療圏調査に大きく左右されます。車道を隔てて車が入りやすい場所かどうか、車で車道に出るときに死角となる時間が多いか否かなどもチェックされるため、複数の土地を所有している場合はできる限りクリニック開業に条件の良い場所を貸し出し候補地として選定すべきです。自身で判断ができない場合は、仲介業者に相談をすれば医師の希望と合致する土地を選定する手助けが得られます。

診療圏調査は多数の項目を調査するため、時間と労力を要します。この調査には数週間から1カ月程度を要するため、医師の借り手を探すためには時間が掛かることを踏まえておく必要があります。この診療圏調査の結果が良く、医師が土地を気に入った場合は、医師と地主の要望のすり合わせに進みます。

総合病院の近くではクリニックは誘致できない？

競合する医院の数によって診療圏調査の結果が左右されるのであれば、診療科目が多数ある総合病院の近隣はクリニック誘致に不利ではないかと考える人もいます。しかし、総合病院の近隣だからといってクリニック誘致に不利になることはありません。

クリニックと総合病院は来院する層が異なります。クリニックは少人数の医療体制で軽い怪我や日常的な病気の治療を行い、大病院は手厚い医療スタッフをおき、診断・検査・手術・入院などの設備を有して、手術や入院を伴うような重症患者や救急医療に対応するという役割分担を担っています。また、現在は紹介状なしで大病院を受診すると、診察料のほかに初診・再診料が請求されるシステムになっているため、周辺住民がまず診療を求める先としても総合病院は選択肢に入りません。

この点は診療圏調査に反映されます。診療圏調査の調査項目は非常に細かく、専門的知見をもっていなければ、開業予定のクリニックの集客について適切に予想をすることはできません。自らクリニック誘致の可能性を判断するよりも、専門家の協力を得て土地の力を判断するほうが適切であるといえます。

ステップ3 契約交渉と締結

診療圏調査の結果を確認したうえで、医師が土地に興味を示した場合は、契約交渉と締結へ向けて地主の要望と医師の要望のすり合わせを行います。すり合わせは仲介業者が行うため、この段階では医師と地主が顔を合わせることはありません。要望として挙がりやすいのは契約年数、開業までの土地の賃料、保証金や各種費用の分担についてなどです。

〈契約年数〉

一般的には事業用定期借地の契約形態で、契約年数は30年とします。しかし、契約年数を長くしたい・短くしたいという要望があれば、医師に打診を行います。事業用定期借地の場合は、10年以上50年未満であれば契約が可能です。

開業を予定している医師としては、長くその土地でクリニック経営をできたほうがよいため、長い契約期間の打診については好意的であることが大半です。

〈開業までの土地の賃料〉

土地の賃貸が始まってからクリニックが開業するまでの期間については、医師から賃料の減免の依頼を受ける場合があります。クリニックを建設する工事期間は患者を受け入れることができないため、医師は出費がかさむばかりで収益を得ることができません。そこで、開院するまでは正規賃料の2分の1もしくは3分の1の賃料とするように交渉が行われる場合が大半です。

医療建築に必要な期間は、建設する施設の規模にもよりますが、およそ半年です。賃料が2分の1もしくは3分の1になったとしても、元の畑作で得られる収益よりも十分利益が出るという理由で、賃料の減額交渉を受け入れる地主が大半を占めます。

〈保証金〉

土地を貸し出すに当たっては、貸す相手が信用性の高い医師であるとはいえ、万が一の事態に備える必要があります。開院したクリニックの医師が突然倒れて閉院せざるを得なくなったり、裁判などに巻き込まれて経営が傾いたりする可能性がないとはいえません。そのような場合に土地の賃料が支払われず、医師による土地の原状回復が叶わない場合のために保証金を設定しておきます。

保証金は建物の構造や規模にもよりますが、建設したクリニックの解体費用が相場です。解体費用の見積もりについては、仲介業者を通じてクリニックを建設する予定の建設事業者に確認します。

〈各種費用の分担〉

土地を貸し出すに当たっては多くの費用が発生しますが、その費用がどちらの負担になるかを交渉します。費用の代表的なものには、確定測量費用、分筆費用、下水道の受益者負担金、上下水道分担金などがありますが、元農地にクリニックを建設する場合は、農地の整備や農業用水路の賦課金の決済金や、下水道がない場合の浄化槽の設置費用などの負担も話し合わなければなりません。

一般的に確定測量費用や決済金は地主が負担しますが、ほかの費用は賃料と併せての交渉になる場合が大半です。どのようにすれば賃料と費用の負担のバランスが良くなるかを考え、借り手側と相談し、落としどころを見つけていきます。

農地を転用するために必要な費用の確認

農地を転用して別の用途に使うためには、さまざまな費用が発生します。その土地での農業をやめる際には、農地の整備や水路の整備に掛かった費用の賦課金の残額をまとめて支払うので、数万円から数十万円の支払いが発生することが大半です。また、その土地に下水道が整備されていない場合は、浄化槽の設置費用に数十万円から数百万円が必要で、維持費に年間10万円程度が必要です。

また、許可申請の費用や行政書士への依頼料は数十万円から数百万円程度掛かります。そのほか確定測量費用に数十万円、分筆費用に数十万円、下水道受益者負担金に数十万円、上下水道分担金に数十万円程度の費用が必要です。費用は自治体の基準と土地の広さ、水道使用量によって変化します。

これらの費用は総合すると決して安くはありません。費用の分担を適切に話し合うためにも、すり合わせが行われる前に建設予定事業者などと連絡を取り、おおよその費用感を把握しておくべきです。

医師のローン審査

医師に貸し出す土地が市街化調整区域である場合、住居や商業施設の建設が前提とされていないため、金融機関によっては原則として融資の対象外としている場合があります。貸し出した土地にクリニックを建設する場合は、融資の担保は建物や設備になりますが、市街化調整区域の場合は建物の用途が厳しく制限されるため、担保として認められないことがあるからです。

すべての金融機関において融資が認められないわけではないため、医師は数件の金融機関でローン審査を行い、融資が下りる金融機関と融資条件を確認します。医師のなかにはローンでの借入を諦め、ほかの手段で資金を調達する人もいます。医師の開業に対しては融資がつきやすいことが多いですが、市街化調整区域にクリニックを建設する場合は、この行程に少し時間が掛かるのが一般的です。

契約書特約事項の作成

すり合わせの内容に合意でき、医師が融資を得られる場合は土地の借地契約書の特約事項に記載すべき項目を作成します。契約書の本文に入れるほど重要ではないものの、特別に配慮すべき事項をこの項目に盛り込んでいきます。

住居に隣接している場合、地主側の要望として多いものは室外機の設置場所の指定です。室外機の場所は契約の主ではないものの、後々のトラブルにつながりやすいため、契約書の特約事項として明記しておきます。

また、保証金の返金についても万一の場合に備えて特約事項として記載することが多くなっています。記載することが多い条件としては、30年の事業用定期借地契約を10年未満で解約となってしまった場合に保証金の返還はしないという条件です。

特約事項には医師側の要望も反映されます。要望として多いのは、契約期間満了後の土地の取り扱いです。医師からは、契約期間満了後に土地を売ることになった場合は、最初に声を掛けてほしいという優先買取条件を盛り込むように依頼されます。これは地主にとっても不利となる内容ではないので、合意され受け入れられることが多いです。

医師から出店申込書、確定測量に関する覚書を受け取る

契約の特約事項を作成し、医師による医療建築の意思が固まった段階で、出店申込書と確定測量に関する覚書を受け取ります。市街化調整区域の農地を貸し出す場合は、隣地との境界があいまいになっていることが多いため、出店申込書を受け取り次第、地主が確定測量を行わなければなりません。確定測量は土地家屋調査士に委託し、数十万円の費用が発生するため、実施する前に医師による違約金などを明記した確定測量に関する覚書を取り交わします。逆に、この段階で地主側が土地の貸し出しを辞退した場合は、それまでの費用は地主側の負担となるよう明記します。

市街化調整区域でも、隣地との境界がはっきりしている場合は必要ありませんが、先祖

代々耕してきた田畑などの場合は、境界の杭などが地中に埋まっている場合も少なくありません。元田畑の土地の場合は、ほぼ必要な行程です。また、境界については隣地所有者の立ち会いが必要であるため、確定測量の実施には時間が掛かります。登記を申請するまでにおよそ1カ月半から3カ月以上掛かることを見込んでおく必要があります。

関係者顔合わせ

医師から出店申込書を受け取ったら、地主、医師、クリニック開業コンサルタント、仲介業者による顔合わせを行います。

地主にとって自身が保有する土地で開業する医師は、近隣のコミュニティの一員として今後長く付き合っていくべき人物です。聞きたいことや確認したい点などがあれば、顔合わせの場ならばざっくばらんに尋ねることができます。

また、顔合わせの場はクリニック経営や集客の方針などについてコンサルタントに尋ねるチャンスでもあります。車通りがどの程度増えそうか、来院する患者はどのような特性の人物が多いかなど、質問すれば豊富な開業支援の経験から回答を得ることができます。

私たちが医療建築のために土地貸しのお願いに訪れた際に、地主から出される要望として非常に多いのが人柄の良い医師を連れてきてほしいというものです。自身の土地を長年貸す相手として人柄の良さを求める点は非常に納得できるものです。

しかし、クリニック開業を予定している医師の性格は人それぞれです。郊外にそれなりの規模のクリニックを建てようと考える医師に共通している点としては、経営者としての覚悟があり、クリニックの繁盛のために何が必要かを真剣に考えているということです。開業する医師は経営的視点を併せ持った人が多いのです。

反対に、初期投資が比較的少ない都市部のテナントビル入居のクリニックは意外にも経営の難易度がそれほど高くありません。郊外のクリニック開業は高額の初期投資を回収していくだけの経営的視点が求められます。そのような難易度の高い経営に挑む医師の場合、周囲との関係性をうまく築くことが経営上いかに重要であるかを理解している人がほとんどです。住民や患者からの評判はクリニックの経営にとって最も重要なものだからです。どの医師も如才なく人付き合いができるという自負があるからこそ、開業を行うのだと推測できます。

実際に、私たちがクリニック誘致を手掛けた案件において、ご近所トラブルが起こったという話は今のところ耳にしていません。どの医師も患者や周囲の住民から非常に信頼を得て好かれているように見えます。必ず人柄が良い医師を連れてくることができるとは約束できませんが、この点に関してはさほど心配するポイントではないのです。

行政書士による建築許可申請

市街化調整区域の農地などを貸し出す場合は、行政書士などに依頼し、クリニックの建築許可申請を行う必要があるため、申請の大まかな流れをひととおり知っておく必要があります。

①自治体への相談

市街化調整区域に建物を建設したいという内容で自治体に事前相談を行います。その際には建設計画の内容や所在地、面積、土地所有者の情報について自治体に報告します。また、この際に農地転用などほかの法令による許可が必要な場合は、別の部署にもあらかじめ相談をもち掛けておくことも大事です。

②事前相談の判定結果の回答

事前に相談した内容を自治体が確認し、計画の内容に沿って建設の可否と許可の可否が判定されます。許可不要となった場合は、建設しようとする建物が法令に適合しているか確認を受けるための建築確認を行います。許可が必要となった場合は、建築許可申請の準備を行い、この時点で行う建設の内容が建設に先立って土地を掘り起こして整備を行う開発であると指摘された場合は、開発許可申請の名目で申請準備を行う必要があります。

③建築許可申請

建築物の内容によっては、建築許可が下りる前に開発審査会の審議が行われます。審議の結果問題ないと判断されて初めて建築の許可申請が得られるのです。

①~③の各ステップにおいては、都道府県ごとに定められた書式の書類を提出する必要があります。書類の準備は専門的知見に基づいて適切な内容を提出しなければ、許可の取得が進まない事態になりかねません。手続きに慣れていない場合は、一般的に地元の行政書士に委託して申請を行います。しかし、すべての行政書士が建築許可申請に習熟してい

るわけではないため、市街化調整区域の建築許可手続きに慣れた行政書士を自ら探すか、仲介業者などから紹介を受け依頼することが必要です。

契約

市街化調整区域の場合は、③の建築許可申請の許可が下り次第契約を結びます。市街化区域の場合は、申請をする必要がないため顔合わせ後の契約で問題ありません。

契約を結び次第、土地の貸し出しの開始日までに地主は契約書に規定された条件の土地を整備する必要があります。貸し出す土地が農地の場合は、農業委員会への報告などやるべきことは多くあります。その一つひとつを着実に実行していく必要があります。

また、農地を農地以外に利用するためには建築許可と並行して農地転用の手続きを行うことが必要です。農地転用はその煩雑さから土地関係の手続きのなかでも最も難しい部類に入るといわれており、その手続きは農地転用に習熟した行政書士などに委託することが一般的です。基本的には行政書士と相談しながら書類などの収集を進めますが、その大まかな流れを把握しておくと、トラブルなどが起こった際に焦ることなく手続きを進められます。

農地転用の立地基準を確認する

農地は農業における優良性や周辺の立地の状況から区分されており、それに従って転用の可否の基準が判断されます。農業上の重要性が高い農地ほど転用が厳しく制限され、低い農地ほど許可が下りやすくなります。農地は以下の5つの区分に分けられています。

〈農用地区域内農地〉

市区町村が定める農業振興地域整備計画で農用地区域とされた区域内の農地です。この区分の農地については、例外を除いて転用は許可されません。農用地利用計画において指定された用途などのために転用する場合は許可が下りる場合があります。

〈甲種農地〉

市街化調整区域内の土地改良事業の対象になった農地など、特に良好な営農条件を備えている農地です。この区分の農地についても原則として転用は許可されませんが、土地収用事業の認定を受け、告示を行った事業などに転用する場合は許可が得られる場合もあります。

〈第1種農地〉

10ha以上の規模の農地や土地改良事業などの対象となった農地など良好な営農条件を備えている農地です。原則として転用は許可されませんが、土地収用の対象となる施設などのために転用する場合には例外が認められます。

〈第2種農地〉

鉄道の駅が500m以内にあるなど、市街地化が見込まれる農地や生産性の低い小集団の農地です。農地以外の土地や保有する第3種農地では建築物が立地困難な場合であれば許可されます。

〈第3種農地〉

鉄道の駅が300m以内にあるなど、市街地の区域または市街地化の傾向が著しい区域にある農地です。この区分の農地は原則として転用が許可されます。

行政書士はこの5種のうち、どの農地に申請すべきか判断し、転用が許可されるための理由をクリニック誘致計画の内容から当てはめていきます。農地転用の可否については、仲介業者が開業希望の医師をマッチングする前に行政書士と相談をして行います。

農業委員会への書類提出

農地の転用の許可は、申請書などに基づいて3つの基準で判断されます。その内容は、「申請に係る農地を当該申請の用途に供することが確実であること」「周辺の農地に係る営農条件に支障を生ずるおそれがないこと」「一時的な利用のための転用において、その利用後にその土地が耕作の目的に供されることが確実であること」です。行政書士はこの基準に反しないように、許可申請書などを作成していきます。

農地の転用の許可を受けるには、許可申請書と必要な書類をそろえて農業委員会を通じて都道府県知事などに提出する必要があります。ただし、市街化区域に立地するような市街地化が著しい区域である場合は、都道府県知事などの許可を得る必要がないため、農業委員会への書類提出だけで問題ありません。書類についても、市街化区域の農地の場合は、市街化調整区域の農地と比較して非常に少なく済みます。

ただし、立地基準で農用地区域内農地と分類された場合には、この書類提出の前に農業振興地域整備計画を変更し、土地を農用地区域から除外する必要があります。これを農振除外といいます。この手続きを行うための要件は非常に厳しく、除外手続きには半年から1年掛かるといわれます。このため立地基準に当てはまった場合は、クリニック誘致までに非常に長い時間が必要なことを踏まえて検討する必要があります。

農地転用の許可

農用地区域内農地もしくは農業委員会の許可が下ります。このあとは、ほかの流れと同様に転用のための工事を行い、工事が終了したら地目変更の手続きに進みます。

農地変更の手続きには農地についての詳細な知見と、行政への手続きの習熟が必要です。保有している土地が農地である場合は、クリニック誘致の早い段階で手続きに慣れた行政書士に相談すべきです。行政書士から農地転用の許可を得る可能性とその手続きに要する期間についてアドバイスを受ければ、その後の誘致活動や話し合いもスムーズに進めることができます。

第4章

クリニック誘致の成功事例

使い道がなかった土地が安定した収入源に

使い道のない土地を安定した収入源に

土地活用に困る地主にとっては、土地活用の本質はより多くの収益を上げることとは限りません。特に郊外の地主にとっては、人に安定的に貸すことで土地の管理の手間を省いたり、運営の負担が大きい農地の維持から解放されたり、子や孫に望まない用途の土地の管理を任せることを避けたいという意味もあります。そのため、収益面ばかりでなく土地のもつ可能性を冷静に判断し、その用途の選択肢をできる限り広げることにこそ本質があるといえます。

農地のほかに使い道のない土地や商業施設やアパート・駐車場としては収益性が低い土地にクリニックを誘致することで、安定した収益を得る事例は数多くあります。どの事例も郊外の土地であるために、土地から得る収入自体はそこまで多くはありませんが、初期投資の元本割れのリスクなく、長期的に安定した収益がもたらされることで地主本人だけでなく親族にも喜ばれていることが特徴です。

クリニックの誘致はあくまでその用途の一つに過ぎません。しかし、郊外の土地の特性である広い敷地と開発余地のある周辺環境に非常に適した方法だといえるのです。その成果について、事例を用いて説明します。

事例1 息子の説得でクリニック誘致を決めたAさん

Aさんは市街化区域に立地する土地で畑を営んでいた80代の男性です。しかし、私たちが訪問した段階ではすでに寝たきりになり、畑は妻と息子に任せている状態でした。

畑は生産緑地の指定を受けていませんでしたが、Aさんの保有する土地は宅地並みの課税がなされる三大都市圏の特定市の市街化区域ではなかったため、農地に準じた課税がなされており、年に数万円の固定資産税を納めるのみで土地を維持することができていました。

畑から得られる収穫物については、本格的な農業をしているわけではなかったため、季節ごとの収穫物を自家消費するか、親戚に分け与えていました。Aさんは健全な頃は妻とともに畑作に精を出しており、畑が生きがいとなっていたそうです。

畑地は約250坪の広さがありました。少々クリニック開業には狭いものの、市街化区域に立地するAさん所有の畑の場所は宅地からほど近く、駐車場が少々狭くても自転車などの来院を含めると十分集客を得られそうでした。

土地を借り受ける交渉に赴いた私たちに対応したのはAさんの妻でした。Aさんより若いとはいえすでに70代で、Aさんの介護もしている身としては大きな変化は望まないという回答でした。Aさんの妻はAさんと耕してきた畑に愛着をもっており、続けられるのならば畑作を今後も行いたいと考えていたのです。また、30年の契約が標準的である土地の賃貸契約についても、自分では面倒を見ることができないと感じたようです。

私たちは1度では説明が不十分だと感じ、2度にわたり説明に訪れたものの、Aさんの妻の意思は固く、同意を得ることはできませんでした。私たちも諦めかけていたときに状況を変えたのは、Aさんの息子からの電話でした。

当時、Aさんの息子は寝たきりになった父と介護で多忙になった母に代わり畑を管理していました。しかし、平日の日中は都市部に位置する企業に勤務しており、畑を耕すことはできません。畑には土日に通うことでなんとか耕作を維持している状態でした。年齢は50代と定年間近でしたが、収益を得られない畑の耕作を父や母から引き継ぐことには後ろ向きで、定年後の時間を自由に使えるようになりたいと考えていたのです。交渉の際にはAさんの息子は同席していませんでしたが、父と母の家を訪ねた際に私たちの会社案内パンフレットが目に留まり電話をしたということでした。

実質的に畑を管理していたAさんの息子が、自分は畑を続けたくはないため、収益が得られるのであれば人に貸したほうがよいと主張したことで事態は大きく動きました。Aさんの妻も折れ、Aさんの同意も得ることができ、元畑の土地には小児科のクリニックが開業することになりました。

Aさん一家が得た地代は約250坪の土地に対して月26万円と決して高額とはいえません。しかし、土地を引き継ぐ予定のAさんの息子は非常に満足と安心を得ており、保証金についても解体費用の見積額ではなく6カ月分の賃料の設定で十分だという結論に至りました。

結果として、建設された小児科のクリニックはその周囲の宅地で非常に評判の良い繁盛する病院になりました。優しい医師が診察を行う真新しいクリニックができたことで周囲の子育て世帯は非常に満足し、知り合いはAさんの妻や息子を褒めることもあったそうです。当初は畑をやめることに対して否定的だったAさんの妻も、クリニックの成功ぶりを見て息子の決断を褒めるようになりました。

現在、息子は定年後も再雇用で企業に勤めていますが、新たに趣味を見つけて土日は釣りに精を出しています。息子のいきいきとした姿を見てＡさんも、Ａさんの妻も土地を貸したことに心から満足しているそうです。

Ａさんの事例は、Ａさんやその妻は土地を貸す意向はなかったものの、土地を引き継ぐ予定の息子の強い意向でクリニック誘致が実現しました。子や孫の強い希望で、土地貸しが実現する例は非常に多くあります。

Ａさんが保有する土地は、市街化区域に立地し土地の用途は自由に選択できる状況でしたが、Ａさんとその妻が畑の維持を望んでいたことから、土地を貸したり、賃貸アパートや駐車場の整備をして運用したりすることは考えていませんでした。畑の収穫物を周囲に分け、先祖から受け継いだ土地と代々続いてきた畑作を守ることで満足していたのです。畑作を続けていれば、固定資産税が比較的安く済むことも現状維持の後押しになっていました。

ずっと畑を耕してきたのだから、子や孫もその伝統を引き継いでいくべきだと考える人も多くいますが、その伝統が重荷となるケースも多々あります。農地である広い立地を活かすことができるクリニック誘致を一つの選択肢として、時には子や孫と土地の使い方について話し合ってみることも必要なのです。

事例2 跡継ぎの生計のためにクリニックを誘致したBさん

Bさんは市街化調整区域に約550坪の畑を所有する男性で、そのうち約300坪を3人に貸し農園として提供していました。ほかにも複数の土地をもつBさんは、土地の賃料収入と農園で育てた野菜の出荷で生計を立てていました。

Bさんと妻は農園でこだわりの野菜を育てることに生きがいを感じており、現状には不満はありませんでしたが、心配事がありました。Bさんの息子は体が病弱で、フルタイムでの仕事ができないことはもちろん、農園での畑作業も難しい状態だったのです。

Bさんは現在所有する土地に建設しているアパートからの賃料収入や、土地貸しをしている地代収入のほかに、息子のために定期収入を得る仕組みを構築できないかと常々考えていました。しかし、最も広い土地である市街化調整区域の約550坪は農地として制限が設けられており、貸し農園とするくらいしか賃料収入を得る手立てがありません。貸し農園の借り手も、若者の農業離れが進むなか、すぐに借り手を見つけられるものではありませんでした。

私たちが土地貸しのお願いに訪れたところ、Bさんは非常に歓迎してくれました。それまで、市街化調整区域にある畑の土地活用については諦めており、現金収入が得られるとは思ってもみなかったそうです。約550坪の土地をすべて貸し出してくれることになりました。

Bさんの土地は、市街化調整区域にはあるものの、その周囲は都市部に通勤する人たちの住宅が点在するベッドタウンとして発展しており、クリニックを建設することで十分な集客が見込める立地でした。しかし、すでに周囲にはクリニックが多く存在していたため、当初Bさんはクリニックの誘致が本当に可能か否か心配をしている様子でした。

開業するクリニックを探した結果、耳鼻咽喉科の医師がその地での開業に興味をもちました。診療圏調査を行ったところ、周囲に競合する耳鼻咽喉科はまだ多いとはいえず、十分な集客が見込めるということで、Bさんと医師は30年の事業用定期借地契約を結び、クリニックを建設することになりました。

Bさんの土地は約550坪と非常に広いものでしたが、開業を行う医師はすべて借入をすることにしました。その立地周辺の住人の主な交通手段は車で、広い駐車場を確保することは繁盛のための重要な要素であったからです。十分な広さがあったため、駐車場の横に門前薬局も設置することができ、患者にとっては非常に利便性の高いクリニックとなりました。

Bさんは耳鼻咽喉科のクリニックへの土地貸しで、月40万円の収入を得ることになりました。農業で得る収入はなくなったものの、少なくとも今後30年間は、Bさん夫婦と息子の生活を賄える十分な現金収入が得られるようになったことに満足をしているそうです。

また、耳鼻咽喉科を経営する医師は、契約の特約事項として30年後に土地を売る場合は、自分にいちばんに声を掛けることを挿入するよう希望しました。Bさんはこの特約事項について非常に喜んだそうです。市街化調整区域は基本的に用途が農業に限られた土地であるため非常に売却しづらく、息子に土地を引き継いだ際に非常に運用しづらいと感じていたからです。30年後に買取される見込みがあれば、安心して息子に土地や財産として引き継ぐことができそうです。

その後、開業した耳鼻咽喉科はゆとりある駐車場が評判なこともあり、順調に経営を続けています。この調子であれば、30年間満期の土地貸しができそうです。Bさんは息子の今後のための土地活用がうまくいったことについて、ほっと胸をなでおろしているそうです。

Bさんは約550坪の農園のほかにも複数の土地を保有し運用実績がある地主でした。土地活用に慣れていたBさんは、息子が体調面の理由から収入が得られない状況をなんとかしようと、貸しアパートでの運用や土地貸しなどさまざまな手を打っていました。

しかし、アパートの賃貸や土地貸しについては、どうしてもその地域の人口動態や周辺の経済状況に左右されるため、決して安定的だとはいえません。アパートについては、近年の不動産投資ブームで周囲に似たような新築アパートが建設されており、コンビニエンスストアの駐車場として貸し出している土地についても、売上を理由に賃料減額の交渉が頻繁にある状態でした。

リスクを分散させるためにも、Bさんは約550坪の農地をなんとか運用したいと考えていましたが、市街化調整区域にある土地で現金を生もうとすると、作物を多く育てて出荷するか、農園として貸し出すほかありませんでした。どちらの選択肢もまとまった現金を生み出すことはできません。

そんなBさんにとって、クリニック誘致ができるという情報は非常に喜ばしいものだったそうです。このように、クリニック誘致は活用ができないと考えられていた土地を活用する数少ない方法だといえます。市街化調整区域などに属する土地を保有しているために活用を諦めている人でも、クリニック誘致の可能性を検討する価値は十分にあるのです。

事例3

近隣の地主と歯科医院を誘致したCさん

Cさんは都市に隣接した郡部の市街化区域に約60坪の田を所有する60代の地主です。親から受け継いだ田を耕作機械を使い、兼業農家として週末に田を管理し米作を続けてきました。

自営業を営んでいるため、比較的時間に融通が利くCさんでしたが、週末の時間を田に割かなければならないことを憂鬱に感じていました。時間を割いて育てる米についても、60坪の田で穫れる米の収穫量は100kg以下で出荷するほどではありません。結局は自家消費をするか親族に配ることになるので、耕作機械のメンテナンス料や田の管理の費用分だけ出費がかさんでしまうことに不満をもっていました。

それでもCさんが米作を続けてきたのは、先祖から引き継いできた田の土地を売却することは外聞が悪い、土地をほかに活用する用途が思いつかないという理由からでした。

本家の長男であったCさんは、面倒な田を引き継ぐことで遺産を多くもらったという負い目がありました。その土地を売却してしまうわけにはいきません。また、土地を守りながら活用するのであれば、親族の納得も得られそうですが、Cさんの居住する地域は市街化区域かつ田が多く残る場所で、土地を購入する人が多く、貸地の需要はほぼありません。その結果、行程がほぼ機械化されておりたいした労力を掛けなくても収穫できる田の耕作を漫然と続けているという状態でした。Cさんの田の周囲には同じような田が並んでいましたが、ほかの耕作主もほぼ同じような事情で米作を続けているようでした。

Cさんに土地を貸してほしいと依頼した際に、私たちは周囲に広がる田をすべてCさんが保有しているものだと思っていました。その後詳細をうかがうと、一つの巨大な田に見えていた土地は6人の地主が約60坪の土地をそれぞれ耕作していたことが分かりました。

約60坪の土地では、クリニックを開業するための広さとしては十分ではありません。しかも、このときは開業をしたい歯科医師がすでにおり、最低でも300坪の敷地は確保してほしいと要望がある状態でした。私たちはCさんに頼んで、周囲の地主に土地貸しに関心がないかを確認してもらうことにしました。

Cさんがほか5人の地主に相談したところ、多くの地主は田を手放して土地を貸すことに非常に前向きでした。皆60代から80代の年齢で、特に高齢の地主は体力の不安があるため米作をやめたがっていたのです。そこまで前向きでない地主も、周囲の地主が米作をやめるなら自分もやめてしまいたいという意見でした。こうして、6人の地主が共同して1つのクリニックに土地を貸すということになったのです。

6人の地主の意見の取りまとめ、要望の集約は難航すると思われましたが、1人の地主はほかに土地をもっておりアパート経営の経験があったため、取りまとめ役を買って出てくれました。地主と仲介業者やコンサルティング会社の交渉においては安く買いたたかれているのではないかと疑心暗鬼になる人もいますが、取りまとめ役の地主が相場感などを適宜伝えることでほかの5人は非常に安心したようです。大きな混乱はなく、6人全員と医師との間で30年の事業用定期借地契約を結ぶことができました。賃料はそれぞれ月6万5000円とそれほど高くはありませんが、皆米作をやめられたこと、少しでも現金収入が得られるようになったことで満足したそうです。

周囲が田に囲まれた立地に開業した歯科医院は、最新鋭の設備をもつ大規模なインプラントセンターを併設するものでした。数人の歯科医師が常駐し、通常の診療室とは別にインプラント治療などを行う専用の外科室を備えています。レントゲン室やキッズルームも備えたその歯科医院は、地域いちばんの規模を誇るものでした。

周辺の地域にはほかにもインプラントに対応する歯科医院はありましたが、地域の多くの住民は最新の設備をもつ真新しい歯科医院での治療を望み、歯科医院は非常に繁盛しています。土地を提供した地主の多くもその歯科医院の患者となり、歯科医院が近隣にできたことで利便性が向上したと感じているそうです。

Cさんは自身の保有する田の面積ではクリニックを誘致することができなかったため、隣り合う5つの田の持ち主と共同で土地を貸しました。このように、保有する土地が狭い場合も、周囲の地主と協力をすることでクリニックを誘致できることもあります。

共同で土地を貸す場合に最も問題となりやすい点は、複数人の地主で意見が異なってしまうことです。要望のすり合わせで個人が意見を主張し過ぎると、全体の要望の整合性が取れず契約にたどり着けない場合があります。複数人で協議する場合は誰かが取りまとめ役になり、利害を調整するとスムーズです。Cさんの事例のように、土地活用の経験者がいれば最も良いですが、いない場合は誰かを仲介業者との窓口役に決め意見の取りまとめを図る必要があります。

事例4 活用を諦めていた土地を貸すことができたDさん

Dさんは住宅地に隣接した市街化調整区域の田園地帯に中規模の田や畑をもつ農家です。年齢は60代後半ですが、農業を継ぐ気がある子がおらず、田畑を相続するくらいなら相続放棄をすると言われている状態でした。そこでDさんは農業をすることが体に負担になる前に、保有する田畑の一部を子のための宅地にしたり田畑を譲渡したりすることで徐々に農家をやめる準備をしようと考えていたところでした。

Dさんの保有する土地は市街化調整区域のなかでも青地と呼ばれる区域で、白地の区域よりも農地以外の目的外使用が厳しく制限される場所でした。子の宅地にする場合にも要件の当てはめが大変で四苦八苦するありさまです。また、農地の譲渡についても、離農が進み後継者不足に悩む農家が周囲に多いなかで、農地を引き取ってくれる農家はなかなか見つかりませんでした。

私たちが土地貸しをお願いした際には、Dさんとその妻は非常に喜んでくれました。しかし、同時に土地の転用や譲渡に困っていたことから、市街化調整区域かつ青地のDさんの田畑についてクリニックを誘致できるのか不安を感じていたようです。

そこで、農地転用に慣れた行政書士を紹介しDさんの手続きをサポートしてもらうことにしました。クリニックは条件のうえでは転用が可能ですが、条件に当てはまっても許可が下りない場合があります。行政書士は転用の要件を一つずつ確認し、市に適切に申請をすることで許可を得ることに成功しました。

その結果、Dさんは保有する田畑のうち貸し出しを依頼していた地点の土地である約380坪を30年の事業用定期借地契約で整形外科のクリニックに貸し出すことになりました。周囲は田園地帯ですが、近隣に住宅地があるため診療圏調査でも十分な集客が見込めることが分かりました。周囲には公共交通機関はありませんが、十分な駐車場のスペースも確保できたため、車での来院に支障はありません。

Dさんはこの土地貸しによって月に約30万円の収入を得ることになりました。これは今後農家をやめることを検討していたDさんにとって心強い収入源となりました。なにより、活用を諦めていた土地で収益が得られたことが非常に喜ばしかったそうです。

さらに、うれしい誤算もありました。開業した整形外科はリハビリテーション科、ペインクリニック内科を併設し専門的サービスを提供していたため、遠方からも患者が訪れるようになっていました。患者数が増え過ぎたため、クリニックを経営する医師は施設と駐車場を増床したいと考えるようになったのです。

クリニックの盛況を喜ばしく感じ、ほかの土地も処分をしようとしていたDさんは、隣の土地をさらに借りたいというクリニックの申し出を快諾しました。新たにクリニックに隣接している約420坪の田を提供することになり、その地にはリハビリテーション施設と広大な駐車場が備え付けられました。

Dさんは結果として、新たな土地の賃料として月に37万円を得ることになりました。月々の賃料収入は合計で約67万円となり、これは同じ土地で米作をしていた頃に比べてはるかに高い収益でした。農地の用途を転用した分、固定資産税は上がってしまいましたが、手元に十分収益は残ります。

当初は諦めていた土地の活用が思わぬ形で叶ったことにDさんは非常に満足しています。また、それまで農地を継承したくはないと言っていたDさんの子ども世代も、転用する術があるならしたいと土地の相続に前向きになってくれたということです。

専業で農家を営んでいたDさんの保有する土地は、その大半が農業振興地域内の農地でした。これを青地と呼びます。これらの土地は、国の定める農業振興地域整備基本方針に基づいて都道府県知事により指定された地域に位置し、集団的に農地が存在していて、土地改良事業により区域内の土地の生産性が高い農地であるという特徴をもっています。専業で農業を営む場合は、保有する農地の大半がこの青地に当てはまるといってもよいです。

これらの土地は、農地以外の利用を厳しく制限されています。その厳しさは開発を抑制するために設定されている市街化調整区域の白地と呼ばれる地域よりも一段と高い度合いだといえます。

一般的に、青地と呼ばれる区域をほかの用途に転用する場合は、いわゆる農振除外と呼ばれる手続きを行わなければなりません。農業振興地域の整備に関する法律（農振法）により長期にわたり農用地などとして利用すべき土地として指定された状態から除外する手続きを行うのです。手続きとして複数の段階を踏まねばならず、市区町村によっては申し出の受け付けが年数回ということもあり、スムーズに手続きを行うことは非常に難しいといわれています。この手続きを経て、該当の土地を青地から白地に変更し、農地転用の手続きを行うことで初めて住宅やクリニックを建設できるのです。非常に煩雑な手続きであるため、一般的には行政書士に依頼をして手続きを行いますが、農地関係の手続きのなかでは最も難しい部類の手続きであるため、農地関係の手続きに慣れた行政書士に依頼すべきです。

また、どの青地の土地も活用できるとは限りません。農振除外には「除外したい農用地以外に代替すべき土地（宅地、白地）がないこと」「集団性のある農用地を分断しない、あるいは農作業を行ううえでの支障が軽微であること」「農用地の利用集積に支障を及ぼす恐れがないこと」「用排水路などの土地改良施設の利用に支障を及ぼす恐れがないこと」「土地基盤整備事業完了後8年を経過していること」という5つの要件をすべて満たさなければならないと記載されています。これらの要件に当てはまるか否かを行政書士に判断してもらったうえで、申請に足る具体的な計画（Dさんの場合はクリニックの建設）と、農地転用がやむを得ないと判断されるだけの理由（Dさんの場合は周辺の医療アクセスの向上）があった場合に、初めて農振除外が認められる可能性が生まれるのです。今回整形外科開業の候補地となったDさんの土地は農地を除外する要件に合致する非常に幸運な土地であったといえます。

事例 5

放置していたコンビニエンスストアの跡地を貸したEさん

都市部から離れた郊外にある住宅地と田畑が入り交じる場所に土地を多く所有するEさんは両親が残したアパートの家賃収入や駐車場の賃料収入で生計を立てる60代の男性でした。すでに両親の世代からある程度土地の運用の基盤が整えられていたため、Eさんはその管理を行うだけで十分に生活できていたのです。

Eさんの悩みは、その保有する土地のなかに市街化調整区域の青地の土地があることでした。元は両親が耕作する農地でしたが、両親が手入れをできなくなって以降はEさんが作物を栽培することはなく草が生えて荒れ果てた状態になっていました。

Eさんの保有する青地の土地は約800坪と広大なものでした。さらに、幅員12mの市道に面しており、商業地域といえる場所で人通りが多い好立地といえる場所でした。道路から30ｍの奥行きまでは市街化区域に分類されており、以前はコンビニエンスストアを誘致していましたが、業績の不振で店舗は撤退し、その後の土地貸しは決まっていませんでした。また、道路に接している部分を貸してしまうと、残りの土地への道路からのアクセスが遮断されてしまうため、青地の土地はより使い道がなくなってしまうという困った点もありました。こうして借り手が非常に見つけにくいその土地は、立地が良いにもかかわらず雑草が生い茂る空地として放置されることになったのです。

Ｅさんはその土地の草刈りを非常に負担に感じ、地元の不動産業者に仲介を依頼して借り手を募っていました。しかし、青地が含まれているため用途を農地として制限され、さらに草が生い茂る状態の悪い土地を借りようとする人はなかなか現れません。その結果、手前の市街化区域部分にも借り手が付かないまま5年近くが経過している状態でした。

私たちがその土地を借り受けたいと不動産業者に申し出たときは、Ｅさんだけでなく不動産業者も非常に喜んでくれました。Eさんは管理の手間が掛からなくなった安堵感から、借りてくれるのであれば地代はいくらでもよいと言ってくれました。不動産業者はEさんのほかのアパートや土地を取り扱う関係から、Eさんの青地が含まれる土地の仲介を行っていたものの、借り手が見つかることはほぼないと考えていたそうです。実際にEさんの土地を30年間安定して借りてくれるクリニックが見つかり本当に良かったと、その後の契約や要望のすり合わせなどについても積極的に両者の仲介役を務めてくれました。

Eさんの場合も、本人と不動産業者は青地部分は農地としてしか貸し出せないものと考えていましたが、農地の申請に慣れた行政書士に依頼し申請を行ったところ、無事農地転用の許可が下り、クリニックを誘致できることになりました。

結果として、Eさんの保有する土地のうち、約590坪を借り上げて整形外科が誘致されることになりました。地代は、周囲の相場から計算した月40万円です。また、開業予定の整形外科は非常に充実したリハビリテーション施設をもち、理学療法士などのスタッフを多く抱える体制であったため、患者用駐車場のほかに砂利敷きのスタッフ用駐車場としてさらに200坪が借り上げられることになりました。こちらは、患者用駐車場の稼働に合わせて調整する場合もあるため、事業用定期借地契約ではなく2年更新の契約です。この土地については、Eさんの計らいもあり月8万円で貸し出されることになりました。

Eさんは管理ができず草が生い茂っていた土地が美しいクリニックになったことで非常に安堵したそうです。受け継いだ土地は自分が保有している限り、管理する手間からは逃れられません。Eさんの場合、ほかにも不動産や土地を保有していたため、その管理に忙しく荒れ果てた元農地まで手が行き届かなかったのです。Eさんが土地貸しを通じて最も喜んだのは、確定測量のために土地の草が刈られ、きれいな状態に戻ったときでした。

Eさんのように受け継いだ元農地について活用方法を見いだせず放置されている例は多々あります。Eさんの場合は近隣に居住していましたが、親元から離れた子が相続によって広大な農地を受け継ぎ、そのまま管理ができない状態になっている事例は日本全国で見聞きします。そうした農地の管理を遠隔で行う草刈り・整備事業のサービスもあるほどです。

土地は使わないからといって放置できない種類の財産です。草が生い茂る場合も度が過ぎれば、害虫などが発生し近隣の田畑や住宅に迷惑を掛けることになるため、定期的なメンテナンスが必要になってきます。管理が行き届かないために売却を検討するも、元農地は用途が制限されており一般的な方法ではなかなか売却できないという制度のもと、結果として遊休農地のまま管理費を支払い続けているという状態の人は多くいるのが現状です。

Eさんのように住宅地が入り交じる程度の郊外地域に畑がある場合であれば、診療圏調査の結果が良い可能性があります。また、都市部に近い地域と比較すると、都市部から離れた地域は医療が不足している傾向にあるため、医師にとってはビジネスチャンスが広がっている地域であるともいえるのです。

扱いに困っている土地がある場合に、こんな場所にクリニックは誘致できないだろうと諦める必要はありません。クリニック誘致の視点から見れば、案外魅力的な場所である可能性もあるのです。

事例6 クリニック誘致が地区医療モール形成につながったFさん

Fさんは都市部に近い郡部に多くの土地をもつ60代の地主です。田畑のほかに幹線道路沿いの市街化区域にも土地を所有しており、アパートや駐車場経営も積極的に行ってきました。

Fさんの一族は江戸時代には庄屋として栄え、明治時代以降もその土地の取りまとめ役として町議会議員を多く輩出してきた家柄です。その跡を継いだFさんは土地を

[図表9] 地区医療モール

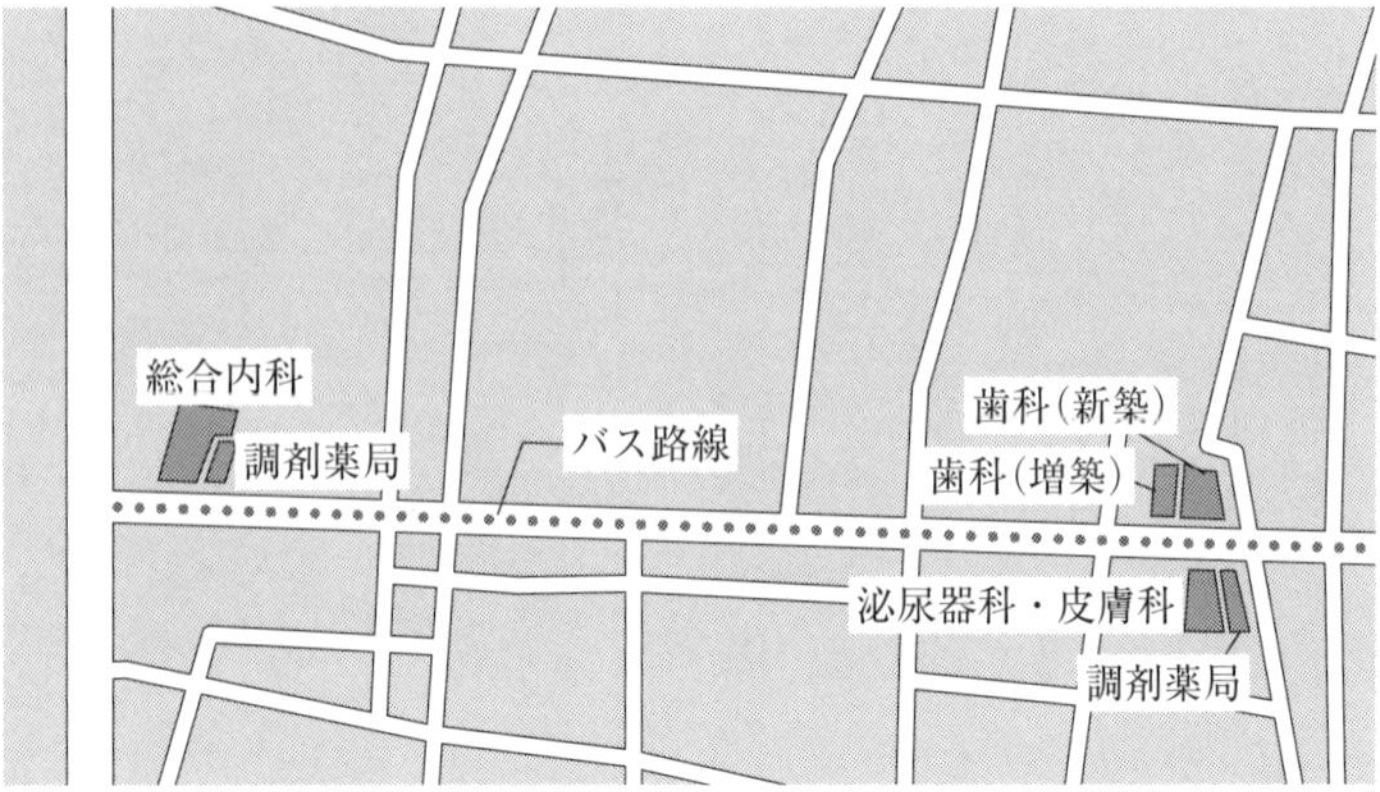

活用して収益を得ることはもちろんのこと、活用をするならば地域への貢献性の高いものを選択したいと考え、地代を高く提示されてもパチンコ店などの出店は頑なに断ってきました。そのため、幹線道路沿いに市街化区域の約400坪にわたる土地が古アパートを取り壊して空いている状態でしたが、その土地の利用についてはじっくり計画を立てたいと考えていたのです。

私たちが不動産業者を通じてその土地にクリニックを誘致したいと申し出たとき、Fさんは非常に喜んでくれました。Fさんの居住する地域には当時病院が不足しており、多くの住人が離れた都市部まで通院しなければならない状況にあったからです。

Ｆさんの土地に誘致したのは胃カメラ診療に対応した総合内科でしたが、その誘致を通じてＦさんから地域の医療の状況について詳しくうかがうことができました。その街には泌尿器科、皮膚科、眼科がなく専門のクリニックを皆が求めている状況でした。一方で、都市部への電車でのアクセスが悪いことから開発はそれほど進んではいませんが、車での都市部や県外へのアクセスは非常に良く、高齢者だけでなく若い住人が移り住んでいる立地という地域特性もあることが分かりました。近隣に高速道路のインターチェンジがあるため、専門性が高いクリニックであれば市外や県外からの集客も見込むことができそうです。

さらに、Ｆさんの紹介で大通り沿いに点在する空地の地主の人たちとコンタクトを取ることができました。その多くがＦさんの事例を知り、医師からの開業希望があれば土地を提供することを申し出てくれたのです。これが決定打となり、私たちは地区医療モールの形成を目指し、誘致活動を行うことになりました。

次に誘致したのは、インプラントや矯正にも対応できる歯科医院でした。同地域では泌尿器科などのクリニックが不足していましたが、歯科も同じく昔ながらの診察中心のものが多く、インプラントや矯正をするためには都市部まで通う必要がありました。高齢者や若年層、その子どもが多いこの地域ではインプラントや矯正の需要が高く、住民は不便を感じていたのです。開業をする歯科医師としても、この地に設備の整った歯科医院を建設すれば、県外からの集客を見込めると考えたそうです。

3番目に誘致したのは、眼科クリニックでした。場所は先の総合内科、歯科医院から離れた場所になりましたが、車で5分も掛かりません。眼科は白内障などの日帰り手術にも対応でき、小児眼科にも対応しているため、近隣の住人のニーズをしっかり汲み取ったものでした。これにより、近隣住民は眼科を受診するために遠方まで足を運ぶ必要がなくなりました。

最後に誘致したのは、泌尿器科・皮膚科のクリニックです。医師にとっても町内に競合となるクリニックがないこの地域は非常に魅力的で、診療圏調査の結果も非常に良いものでした。また、同町は都市部からほど近い場所にありながら、開発が進んでいない郊外地域であったため、幹線道路沿いの市街化区域であるにもかかわらず土地を借りる際の坪単価が低いことも魅力だったそうです。

Ｆさんから医療施設が不足しているという話を聞いてからすべての誘致が完了するまで2年近く掛かりましたが、ほかの地主の皆さんの協力も得て、不足していた診療科目のクリニックを誘致することができました。今はこの地域の医療アクセスは非常に向上し、地域住民の暮らしの利便性が向上しています。地域の魅力が増したことについて、Ｆさんをはじめとする地主の方々はとても満足しているようです。

この事例では、1件のクリニックの誘致がきっかけとなって、地元の複数の地主の協力も得て非常に充実した地区医療モールを形成することができました。同様に医療のリソースが不足している地域は多くありますが、都市部のクリニックが飽和状態にある今は不足している診療科目について誘致を行うチャンスであるといえます。

もちろん、やみくもにクリニックを建設すればよいというものではありません。クリニック誘致前には地主や住民への聞き取り調査や情報収集を行い、土地のニーズに合った規模や設備のクリニックとマッチングさせることが欠かせません。また、クリニック経営の継続性という観点からは、診療圏調査を行って十分な集客を見込めるか否かを考慮したうえで開業することが必須になります。医療アクセスの利便性へのニーズは、少子高齢化が進むなか郊外の地域においても非常に根強いものがあります。住民が少し不便を感じている状態は、クリニック誘致の可能性が非常に高い状態であるといえるのです。

事例7

コンビニエンスストア店舗を取り壊し、クリニックを誘致したGさん

Gさんは都市部から車で30分ほどの幹線道路沿いにある市街化調整区域の農地をは

じめ、いくつかの土地を保有していた70代の地主です。15年ほど前、60歳を過ぎてからはいくつか保有する農地を縮小したいと考えていたところに、とあるコンビニエンスストアチェーンの営業担当者がGさんのもとを訪れました。その営業担当者はGさんの保有する農地について、立地が非常に良いためコンビニエンスストアを誘致してくれないかともち掛けました。

Gさんの保有する農地の周辺には小売店が少なく、買い物をするには車で15分ほどの大型ショッピングセンターに行かなければなりません。周辺に住む免許を返納した高齢者は移動販売やヘルパーによる買い物支援などを利用せざるを得ない状況です。また営業担当者によると、コンビニエンスストアの誘致であれば利用用途が制限される市街化調整区域の農地を商業目的に転用できるということでした。

ちょうど農地を縮小したいと考えていたGさんは非常に喜び、営業担当者の土地の賃料収入が高く設定できるという提案に応じてコンビニエンスストアの店舗の建物を土地の持ち主が建設し、コンビニエンスストアチェーンに貸し出すリースバック方式でコンビニエンスストアを誘致することにしました。

Gさんの誘致したコンビニエンスストアの評判は非常に良いものでした。買い物の利便性が向上しただけでなく、コンビニエンスストアでは公共料金の振り込みやチケットの購入、コピー機などがそろっているほか、ATMも設置されているため、地域の住民の利便性が非常に向上したのです。Gさんの居住する地域の商店としては非常ににぎわっている様子を見て、Gさんは安堵していました。

しかし、開業後3年経ってGさんは厳しい現実を突きつけられることになりました。非常ににぎわっているように見えたコンビニエンスストアは、全国の平均と比べると売上高が低いため、土地の賃料をその分値引きしてほしいと営業担当者から交渉されたのです。

Gさんは自費でコンビニエンスストアの建物を建設していたため、安易な賃料の割引に応じることはできません。当初の収支計算は提示された金額に基づいて計算し、10年ほどで建設費を回収する予定となっていたからです。コンビニエンスストア側の要求を受け入れた場合は、建設費の回収期間が長くなってしまい、利益を得る時期が遅くなってしまいます。

建物の建設費は地主である自分が負担したのだから、賃料の値引きには応じられないと回答したところ、営業担当者は、その場合は売上が不振であるため撤退せざるを得ないと反論してきました。当初コンビニエンスストアチェーンと交わした契約書には契約期間は15年と記載されていたのでGさんはこの反論に非常に驚きました。しかし、営業担当者は賃料を下げないのであれば違約金を支払ってでも撤退すると頑なな態度です。コンビニエンスストアが撤退してしまっては、Gさんは大きな損を被ってしまいます。とうとうGさんは折れ、賃料を1割値引きして貸し出すことになりました。

Gさんの不運は、これ以降も3年ごとに賃料の値引き交渉が続いたことです。理由は決まって売上の不振でした。開業7年目には、近隣に大型のドラッグストアが開店したことも痛手となりました。郊外型のドラッグストアは営業時間が長く、取扱品目も医薬品から日用品、食料品と豊富なうえ、値引きを日常的に行っています。Gさんが土地と建物を貸し出しているコンビニエンスストアは基本的に定価販売であり、品ぞろえに関しても巨大なドラッグストアに及ばず、売上は減少していきました。このことから、Gさんにはコンビニエンスストアチェーンから毎年のように賃料の減額交渉が行われるようになったのです。

さらに、ドラッグストアが閉店する深夜帯については、大型トラックが駐車したり、店舗前で若者が集まり大声で話したりするなど近隣住民に対する騒音問題もありました。こうした苦情の多くは店舗やコンビニエンスストアチェーンに直接寄せられるものですが、一部には地主であるGさんに、なんとかならないのかと言ってくる人もいたのです。苦情の数はわずかではあったものの、売上減少に悩んでいたGさんにとって厄介ごとの種が増えることは大きな心労となりました。

開業から10年が経過し、コンビニエンスストアチェーンからの賃料減額交渉が許容できない額になった段階でGさんはコンビニエンスストアの撤退を受け入れる決断をしました。これ以上賃料を下げられては収支が成り立たないということもありましたが、度重なる減額交渉と騒音に対する苦情の対応に耐えられなくなったことが大きな理由です。コンビニエンスストアに貸していた土地は幹線道路沿いにあるため、別のコンビニエンスストアチェーンや、異業種の店舗として貸し出せる可能性があるという見込みもありました。こうして、Gさんの土地にあるコンビニエンスストアは10年で閉店することになりました。

コンビニエンスストアの撤退後、Gさんは不動産業者に依頼して別のコンビニエンスストアや入居店舗を探すことにしました。コンビニエンスストアへの土地貸しで得た収入は建物の建設費とほぼ相殺されてしまっており、このままでは利益がほぼ得られない状態になってしまうからです。さらに、建設した建物を壊すには500万円以上の費用が掛かります。しかし、半年が経過しても入居者は見つかりませんでした。

一度コンビニエンスストアが撤退した立地は、なんらかの原因があると見なされ、そのまま別のコンビニエンスストアチェーンの入居が得られることはほぼありません。また、Gさんがコンビニエンスストアを誘致した土地は、建物の建設に厳しい条件が課せられるため、どんな店舗が入ってもよいというわけではありませんでした。

社会福祉施設や日用品を取り扱う商店、食堂などの飲食店、ドラッグストアなど周辺地域の日常生活に不可欠な施設でなければなりませんでした。

Gさんが空き店舗を抱えたまま途方に暮れかけていたとき、状況を打破したのは私たちからのクリニックへ土地を貸してほしいという依頼でした。Gさんの土地は幹線道路沿いに立地して車通りが多いうえ、敷地面積が320坪とクリニック開業には非常に適した条件をもっていました。その土地に建つ店舗が空いたままの状態であることをたまたま開業コンサルタントが発見し、私たちを通じて土地の借り受けの交渉を申し出たのです。

しかし、クリニックに土地を貸すためには現在土地に建設されている店舗を撤去しなければなりません。建設して10年程度の建物であることを聞いた私たちはGさんが撤去費用を払ったうえで土地貸しに応じてくれるかについて半信半疑の気持ちでいましたが、結果としてGさんは快く建物の撤去に応じてくれました。

Gさんとの交渉はGさんが依頼した不動産業者が間に入る形で行われましたが、不動産業者は非常に乗り気で、Gさんへの説明も非常に丁寧に行ってくれたのです。Gさんの地元にあるその不動産業者はGさんのコンビニエンスストア誘致から撤退までの苦労をよく知っており、その後の店舗貸し出しについても非常に苦労していました。その経験から、不動産業者は収益が不安定なコンビニエンスストアなどの商店を誘致するよりも、継続入居の見込みが非常に高く、確実に賃料が得られる信頼性をもつクリニックを誘致したほうがよいと考えていたのです。コンビニエンスストアとの賃料交渉と閉店後の店舗貸し出しに苦労していたGさんも不動産業者の意見に同意しました。

結果としてGさんの土地には、内科・循環器科のクリニックが建設されることになりました。320坪の土地の月額賃料は25万円です。元コンビニエンスストアの店舗の撤去には500万円ほど掛かりましたが、1年8カ月で回収でき、その後も撤退や家賃の減額交渉がない安心感のほうが勝ったそうです。

開業した内科・循環器科はその後非常に繁盛し、周囲の住民からの評判も上々です。Gさんの保有する土地の周辺にはそれまで内科が遠方にしかなく、車を運転できない高齢の患者は通院に公共サービスを利用するかタクシーを使うしかありませんでした。近隣に利用頻度が高い内科・循環器科ができたので、徒歩やシニア用の電動カートで通院できるようになったのです。院長の人柄の良さが慕われて、近隣の市区町村からの来院患者も多く訪れています。以前はコンビニエンスストアの騒音について苦情を伝えてきた近隣住民からは、Gさんは感謝されるようになりました。

Gさんは現在、建物の撤去費用を回収し終わり、安心して毎日を過ごしています。以前はコンビニエンスストアの賃料減額交渉を恐れて、店の集客の様子が気になっていましたが、今はクリニックが繁盛する様子を見てただただ安堵しているそうです。

Gさんは農地を縮小したいという希望があり、コンビニエンスストアの誘致で多額の賃料収入が得られるというメリットから、自らの費用でコンビニエンスストアの店舗を建設し、コンビニエンスストアチェーンに貸し出すリースバック方式という事業リスクの高い方式を選択していました。土地や店舗の需要が高い地域であれば、建設した店舗はほかの店子を探すことにより賃料が得られる資産となりますが、店舗の需要が低い地域においては負の遺産となりかねません。

また、Gさんの保有する土地のように、市街化調整区域に分類されている場合は、空き店舗に入居できる業種が限られてしまいます。コンビニエンスストアの空き店舗にはマッサージ店が入居している事例をよく目にしますが、マッサージ店は周辺地域の日常生活に不可欠な業態とはいえないため、行政の許可を得ることが難しいのです。

加えて、広大な駐車場が新たな店舗の入居を妨げる場合もあります。コンビニエンスストアのように客の回転が速い業態においては、常時車が複数台置け、時にはトラックも駐車できるスペースも必要ですが、美容院など回転が速くなくトラックが駐車する可能性が非常に低い業種の場合、広い駐車場のスペースの賃料が経営の負担になってしまうからです。

Gさんの土地活用に関しては、市街化調整区域の農地の活用手段が限られていたとはいえ、その土地貸しのリスクについてよく検討するべきだったといえます。商業系のテナントが周囲の環境変化により撤退したり、経営難に陥って閉店したりすることはよくあることです。契約期間が設定されているからといって、その期間すべてにおいて賃料収入が得られるとは限りません。その点から考えると、店舗を自前で建設する必要がなく、撤退・閉業するリスクがほぼないクリニック誘致はGさんの土地にとって最も条件の良い活用法だといえるのです。

事例8

コンビニエンスストアとの契約を打ち切り、クリニックを誘致したHさん

Hさんは都市部から車で50分ほどの住宅街で食品の製造業を営む50代の経営者です。祖父の代から続く食品製造業を継承したHさんですが、主力として製造していた漬物が時代の変化により消費者に好まれなくなり、いくつかの工場の閉鎖を余儀なく

されました。その空いた土地の活用法について3年ほど思案していたところ、コンビニエンスストアチェーンから声が掛かり、370坪ほどの工場跡地にコンビニエンスストアを誘致することになりました。

近年、郊外でコンビニエンスストアを開業しようとした場合、トラックなどが駐車できるほどの広い駐車場が確保できることが条件となります。工場と従業員用の駐車場の跡地であった370坪の土地はまさにその条件に合致していたのです。

その工場の跡地は、コンビニエンスストアの立地条件としては最適なものでした。住宅街に立地していたため、周囲では容易にコンビニエンスストア開業の用地を確保することができません。そのうえ、周囲にはコンビニエンスストアが存在しなかったのです。さらに、空地はその地域では数少ない幹線道路に接しており、車通りも十分にありました。

この好条件があったことから、Hさんとコンビニエンスストアチェーンの交渉は非常にHさんに有利なものとなりました。開業に際しての土地の貸し出しについては、土地をコンビニエンスストアチェーンに貸し出し、建物はチェーン側が建設する事業用定期借地契約が採用されました。このため、万が一コンビニエンスストアが撤退した場合でも、Hさんは原状回復をした状態で土地の返却を受けることができます。

コンビニエンスストアチェーンがHさんに提示した土地の賃貸価格も非常に条件が良いものでした。月に74万円の賃料が支払われます。この額は、土地に食品工場を建設し得られる事業収益と比較すれば些細なものといえますが、事業が赤字になるリスクを負わず現金収入を確実に得られます。

しかし、開業から10年が経過すると、Hさんはコンビニエンスストアチェーンへの土地の貸し出しに不満をもつようになりました。3年ごとに営業担当者が土地の賃料を1～2割減額するように交渉してくるからです。

Hさんが保有する土地に建設されたコンビニエンスストアは、非常に繁盛しているように見えました。幹線道路を通る車の立ち寄りはもちろん、住宅地に立地しているため徒歩や自転車での来客も頻繁にあります。また、近隣には中学校があるため、学生の立ち寄りが非常に多いことも特徴でした。開業して以来、周囲に競合となる店舗もできていません。Hさんの土地に建ったコンビニエンスストアは、その地域としては上々の売上があると考えられるにもかかわらず、営業担当者は売上が低いといって賃料の減額交渉を繰り返してきたのです。

コンビニエンスストアチェーンの言い分は、全国の平均的な売上額と比較するとHさんの土地から得られる売上は低いというものでした。しかし、Hさんの土地は都市部から車で50分も離れた閑静な住宅街です。都市部のビルに入居しているコンビニエンスストアの売上を含んだ平均と比較されれば、売上は低くて当然です。1度は家賃の減額交渉に応じたHさんですが、2度、3度と同じ言い分で家賃を減額交渉してくることにうんざりしてしまいました。

私たちがその土地にクリニックを誘致させてほしいと声を掛けたのは、まさにHさんがコンビニエンスストアへの土地貸しが嫌になってきた時期であったそうです。Hさんは熱心に私たちの説明に耳を傾けてくれました。

クリニックへの土地貸しは、コンビニエンスストアへの土地貸しと比較すると賃料を高く設定できません。貸し出す土地の賃料は50万円が上限となることが一つの目安です。これは、開業するクリニックの経営を圧迫しないために医師が支払うことができる上限金額であるためです。50万円以上は、クリニックの経営が軌道に乗ってからは問題ない金額ではありますが、経営が軌道に乗るまでの初期期間においては重い負担になるためです。

私たちがHさんに提示した土地の賃料は48万円でした。Hさんの保有する土地は市街化区域でほかの用途にも活用できる土地であったため、市街化調整区域と比較すると高めの価格が提示できたとはいえ、コンビニエンスストアへの当初の土地貸しの金額と比較するとかなり低い金額です。しかし、Hさんはクリニックの誘致を行えば30年の事業用定期借地契約の期間中にほぼ撤退の可能性がないこと、賃料の減額交渉に煩わされないことに魅力を感じたようでした。また、コンビニエンスストアを撤去する際の費用はコンビニエンスストアチェーン側が負担することになっており、Hさんにコンビニエンスストアチェーンとの契約解除のリスクがほぼないことも後押しになったようです。

ちょうどコンビニエンスストアチェーンとの賃料交渉を間近に控えていたHさんは、全国平均と比較して売上が低いため賃料を減額してほしい、応じられない場合は撤退もやむを得ない、というコンビニエンスストアチェーン側の主張に対し、これ以上の賃料減額を受け入れることはできないため、撤退しても構わないと回答しました。コンビニエンスストアチェーン側はその回答を想定していなかったのか交渉を白紙に戻そうとしましたが、Hさんの意思は固く、賃料値下げをしない代わりにコンビニエンスストアは撤退することになりました。コンビニエンスストアチェーンから撤退を言い出したため、Hさんの違約金の負担はなく、Hさんにコンビニエンスストアチェーンから違約金が支払われました。

コンビニエンスストアが撤退した跡地に建設されたクリニックは、脳神経外科でした。近隣で脳神経外科の診療科目をもつ医療施設として大きな市民病院があったため、Hさんは患者が集まるのか不安に感じていましたが、その心配は杞憂に終わりました。

脳神経外科の診療する領域は脳卒中、脳腫瘍、脳梗塞、くも膜下出血などで、患者の中心世代は高齢者です。市民病院でももちろん治療は受けることができますが、市民病院は患者数が多いため、医師との対話はあまりありません。また、待ち時間や会計待ちの時間の長さを負担に感じる高齢者は多かったのです。このため、街中にあるクリニックへの通院を希望する人が潜在的に存在していたのです。

市民病院が近隣にあることも、脳神経外科開業のメリットになりました。脳神経外科は高度な治療が必要になった際の大病院との連携が必要になる診療科目です。市民病院と提携を結ぶことで、患者に通院の安心感を与えることができるうえ、近隣に立地することで市民病院に転院することがあったとしても通院の負担がそこまで増えることはありません。近隣に立地することで、比較的軽い症状はクリニックが診察し、重篤な症状は市民病院が診察するという良い棲み分けができたのです。

コンビニエンスストア跡地に建設された脳神経外科は、住宅街に立地していることもあり、徒歩や自転車などで来院する患者も多く非常に繁盛するようになりました。

市民病院と比較して寄り添った診療を行ってくれると評判も非常に良く、遠方からの来院者もいるということです。

クリニックが繁盛する様子を見て、Hさんは非常に満足しています。地元に根差した企業経営者として地域に貢献できているほか、土地貸しに関する悩みが解消されたからです。経営環境が厳しさを増すなか、本業の食品製造業の経営に注力すべきときにコンビニエンスストアから賃料交渉をされることはHさんの負担になっていました。クリニックに土地を貸すことで、その煩わしさから解放されたことは、賃料以上にHさんのメリットになったということです。

Hさんの土地のようにコンビニエンスストアが出店している土地は、医師にとっても非常に魅力的な土地です。コンビニエンスストアは幹線道路に面して開業することが多く、郊外の場合は駐車場も非常に広く確保されています。さらに、コンビニエンスストアチェーンが開業前に市場調査をしていることが多いため、車通りの多さや周辺環境からの集客が十分にあることが多いのです。

コンビニエンスストアの跡地と違い、工場跡地など市街化区域に立地する土地は借り手の候補が豊富であることが特徴です。幹線道路沿いに立地する良い土地である場合は、ホームセンターやスーパーマーケット、飲食店など出店したいという企業は豊富にあります。そのなかでクリニックを選択することは、やや収益性が落ちる選択肢といわざるを得ません。

商業施設と比較して賃料水準が低いクリニックを誘致することのメリットは、その安定性です。商業施設のうち、特に大手チェーンの場合はその施設の売上が厳しく精査され、収益性が低いと判断された場合は撤退の判断がなされることがよくあります。撤退前には必ずコストを抑えるために賃料の減額交渉も行われるため、地主の心理負担は非常に大きいものとなります。

これに対し、クリニックへの土地貸しの場合は、事業用定期借地契約期間は賃料の減額交渉が行われることはほぼありません。クリニックの経営に関しては、コンビニエンスストアと同様に事前に開業コンサルタントによる診療圏調査と経営のシミュレーションが行われますが、商業施設と比較してその計算が大きくずれることはないからです。

賃料の高さと安定性のどちらを選択するかは、その土地の周辺環境や特性によって判断が分かれます。常に土地の需要が高い場所であれば商業施設に土地を貸したほうが収益上は有利ですが、土地の需要が比較的低い場所であれば、安定した借り手へ土地を貸したほうが安心を得られます。土地を貸し出す際には、双方のメリット・デメリットをよく理解して判断すべきなのです。

事例9
古アパート跡地をクリニックに貸したＩさん

Ｉさんは築40年のアパートを所有する60代の地主です。所有するアパートは都市部から30分ほどの距離にありますが、駐車場は広い道路に面した車の出し入れがしやすい立地で、Iさんがこまめに管理しリフォームなども繰り返してきたことから、築40年が経過した今となっても8割の入居率を維持できている状況でした。

所有するアパートが築40年を迎えるに当たって、Iさんはその建て直しの時期について悩みを抱えていました。Iさんの保有するアパートは鉄筋コンクリートの構造であるため、その法定耐用年数は47年です。7年後が建て直しの目安となることから、今後大規模なリフォームに資金を投入することはためらわれます。また、都市部ならともかく、郊外に立地するIさんのアパートはいくら広い道路に面して立地が良いとはいえ、その競争力は築年数が経過するごとに落ちていることは明らかでした。近年はアパート投資ブームが起こり、新築アパートの供給が増えたため、多くの人は更新時期を迎えると新しいアパートに移っていってしまいます。それに対抗できるのがリフォームでしたが、その手段も法定耐用年数を前にして使うことが難しくなっていました。

しかし、新築アパートの供給が非常に増えている状況でアパートをそのまま建て直してよいのかについても悩みは尽きません。Ｉさんのアパートが立地する場所は郊外のベッドタウンと呼ばれる場所でしたが、徐々に少子高齢化が進んでおり、現在の入居者も中年から高齢者が大半を占めています。さらに少子高齢化が進むと考えられるなか、現在の立地にアパートを建設してその建設費用を回収できるかは非常に疑問でした。

アパート建設を主に手掛ける不動産業者数社と面談を行い、シミュレーションを行いましたが、多くの業者は立地が良いため心配することはないと判を押したように言うばかりです。しかし、すでに近隣には数件の新築アパートが建設されており、Ｉさんは不安で仕方がありませんでした。

そんなときに、Ｉさんはクリニックの誘致で土地活用ができるという話を耳にしました。中学の同窓会で一緒になった友人が、自身の保有する畑をクリニックに貸し出すことで農業をやめることができたうえ、賃料収入も得られるようになったと喜んでいたのです。アパート経営についての不安から、コンビニエンスストアや商業施設の誘致も検討していたIさんにとってこの情報はたいへん興味を惹かれるものでした。

実は、Iさんがアパートの建て直しをためらっていた原因はアパートの競争力の低下だけではありません。建て直したとしてもアパートという資産を受け継ぐべき子どもたちが県外に出て家庭をもってしまっており、アパートの管理ができないという事情もありました。


アパートの管理を管理会社に委託した場合、その手数料は家賃の5％程度ですが、家賃水準がそれほど高くないIさんのアパートが立地する地域では無視できない費用です。Iさんの場合、家賃で得た収益はリフォームなどに回すために少しでも多く手元に残しておきたいと思っていました。また、リフォームに踏み切るタイミングを判断したり、修繕についての計画を立てたりするためには、頻繁でなくとも定期的に物件を見ておく必要もあります。この煩雑な大家業を仕事や育児で忙しく過ごす息子や娘に背負わせるのは気が重いことでした。

Iさんはたまたま私たちがクリニック誘致の提案をしていた人が友人で、その友人を介して私たちに連絡し、詳しい説明を受けに来たのです。Iさんが保有する350坪の土地の賃料は月に42万円と、アパート経営で得られる家賃70万円と比較すると収益はかなり落ちますが、アパートの経営には修繕やリフォーム費用、建設費、解体費が掛かることを考慮すれば悪い条件ではありませんでした。なにより、空室が発生した場合の気苦労を息子や娘に負わせる必要がないことがIさんには魅力的に思えました。

結果としてIさんは古アパートを解体し、クリニックに土地を貸す決断をしました。広い道路に面したIさんの元アパートの敷地はすぐに借り手が見つかり、泌尿器科のクリニックが建設されることになりました。

このことを息子や娘に報告したところ、2人とも高齢に差し掛かりつつあるIさんの保有する古アパートの管理をどうするか気に病んでいたらしく、非常に喜んでくれたそうです。先祖から受け継いだ多くの土地を保有しているIさんですが、すでに県外で生活基盤を築いている息子や娘に土地の管理のために地元に帰れとはとても言えません。自分も土地の活用や管理で収益を得てきたとはいえ、それなりの苦労も重ねてきたため、それを子ども世代に受け継がせたくはなかったのです。

Ｉさんは土地の管理の手間がなく収益を得られるようになったことに非常に満足し、今度は保有する立地の良い農地についてもクリニックを誘致できないか考えています。そうして保有する土地の管理の手間を最小限に減らすことで、長い時間を掛けて自分の老い支度を進めたいと考えているそうです。

この事例は、高齢になって管理を引き継ぐ人がいなくなった古アパートについて、「アパート経営仕舞い」をした事例といってよいものです。都市部の駅近物件など、非常に需要が高く家賃も高水準のアパート経営については、アパートの管理を管理会社に委託することで大家としての負担がない状態で収益を得ることも可能ですが、大企業やその工場周辺、大学や専門学校の近くなど大きな需要が見込める場合を除き、郊外では手間を掛けることなくアパート経営を行うことは簡単ではありません。

アパート経営は家賃収入という不労所得が得られる一方で、その所得を維持するために多額の費用が掛かります。不動産業者に払う仲介手数料や、設備が壊れた際の修繕費のほか、エレベーターがある場合はそのメンテナンス費、定期的な外壁塗装費などを常に見込んで貯蓄をしておかねばなりません。また、空室がすべて埋まる保証もなく、新築の際には大半の部屋に入居者が付いたとしても、築年数を経るごとに入居割合は落ちることが通常です。郊外では築15年を超えたアパートでは、常に2～3割が空室であることも珍しくありません。このため、当初想定していた収益が得られず、ローンが返せないという事例も発生するのです。

Iさんは郊外のアパートを保有していましたが、収益を適切に蓄積できるように管理は自ら行い、築古のアパートでも入居者を呼び込めるよう定期的なリフォームも実施していました。また、非常に余裕をもった敷地にアパートを建設していたため、駐輪場や駐車場も広く、入居者のためのベンチや簡便な遊具も設置してあったため、以前は子育て世帯の入居も多かったそうです。しかし、これらのリフォーム費用や設備費も結果として維持管理費として積み上がるため、Iさんのアパート経営は堅実に収益を上げているとはいえ、楽なものではなかったそうです。

このように、郊外のそれほど家賃相場が高くないアパートの経営において収益を得ようとする場合、大家には大きな気苦労が掛かります。こうした物件を子や孫の世代に残した場合には資産を残したつもりが経費ばかり掛かる負の遺産にもなりかねません。特に、遠方に住む子や孫の場合は物件の状況を適切に知ることができないため、修繕やリフォームの判断のために頻繁に行き来をしなければならないという負担が発生してしまうのです。

収益の確保のために、手間の掛かる郊外のアパート経営と比較すると、クリニックへの土地貸しは非常にリスクが低く手間が掛からない手段です。アパート経営に対する先行きの不安がある場合には、その不安を解消する有効な手段の一つといえます。

事例10 築25年のアパートを取り壊したJさん

Jさんは都市部から40分ほどの地域に単身世帯用のアパートをもつ70代の大家です。25年前に親から相続した200坪ほどの土地に木造アパートを建設し、現役時代は会社勤めのかたわら、大家業を営んできました。会社に在籍中は管理会社にアパートの管理を委託していましたが、退職した今はJさんが直接管理をしています。それは、アパートの管理業務を行う時間ができたということもありますが、管理会社に管理を委託する費用を出す余裕がなくなってきたからでした。

Jさんが相続した土地は、アパートを建設するためにはそれほど良い土地ではありませんでした。住宅街のなかに位置する土地で、駐車場から大きな道路に出るには細い道をしばらく通る必要があります。また、25年前は近隣に大きな工場があったために単身者の入居需要があったものの、その工場が閉鎖されてしまったため賃貸需要において1〜2割の空室が常に存在する程度まで落ち込んだのです。

さらに築15年を過ぎると、Jさんのアパートの入居率は一段と落ちるようになりました。常に3割の空室がある状態で、悪いときには4割ほどが空室ということもありました。そのたびに家賃を下げるなどしてなんとか入居者を募ってきましたが、家賃を下げた分、Iさんの収入は低下し、アパートの修繕・管理費用も節約せざるを得なくなりました。結果として築年数を経るごとにアパートの外観や内装は劣化し、ますます入居者を得られなくなる悪循環が起きました。

空室が埋まらない状態でアパート建設のローンの支払いが危うくなったJさんが行った苦肉の策が、賃貸保証会社を付けずに外国人にアパートを貸し出すというものでした。多くの外国人は日本のルールを守って居住してくれますが、文化の違いから外国人の入居には一定のトラブルの発生を見込む必要があります。契約とは異なる人数で入居していたり、近隣との騒音問題が起きたり、ゴミの分別でもめたりするという話はJさんもよく見聞きしていました。そのため、外国人の入居について、Jさんは当初は日本での居住年月が長い人以外は避けていたのです。

しかし、外国人が賃貸物件を借りづらいということは、外国人への賃貸を歓迎すればそれなりの需要を見込めるはずです。また、リスクをJさんが抱えることで賃貸保証会社を使わなければ家賃も安く設定できます。Jさんはこの方法で競争力を上げることで空室の増加を食い止めようとしたのです。

Jさんの方針は成功し、アパートには外国人の入居者が集まるようになりました。アパートが満室のことも多く、空室が発生しても2～3カ月程度待てば埋まるようになったのです。このことにより、Jさんのアパートローン返済の心配は解消されたかのように見えました。ですが、やはり当初見込んでいたリスクとトラブルはJさんの身に降り掛かってくることになりました。

外国人が多く入居したことで、Jさんのアパート居住者の外国人比率はだんだんと高まっていきました。やはり多人数同居やパーティーなどによる騒音問題、料理文化の違いによる匂いの問題などで、日本人の入居者がJさんのアパートから退去するようになってしまったのです。しかし、日本人が退去したあとも外国人入居者を歓迎していれば空室は埋まるので、当初、Jさんはこの問題を気にしていませんでした。

問題が深刻になったのは、外国人入居者を歓迎し始めて3年ほど経った時期のことです。1人の入居者の家賃が未振り込みなまま連絡が取れなくなりました。何度も部屋を訪れても留守のままで帰宅する様子はありません。どうやらなんらかの事情で母国に帰国してしまったようでした。念のため控えておいた入居者の勤務先に連絡をしたところ、同僚の一人から退職後は国に帰り、日本に戻る気はなさそうだったと告げられました。こうなってはどうしようもありません。賃貸保証会社を付けていなかったため、Jさんは自費で行政書士に相談し、退去手続きを行って荷物などを撤去し、なんとか空室の状態にしました。

また、別の部屋ではゴキブリが大量発生し、アパート中で問題になることもありました。居室で料理を頻繁にする入居者が、料理のあとに十分な清掃を行わなかったためにゴキブリが大量繁殖してしまったのです。ほかの居住者からの苦情でJさんが部屋ごとの状況を調べて回ったところ、ゴキブリが繁殖した部屋では、キッチンの周囲に大量の油がこびりつき、食材もキッチンに放置されている状況でした。その部屋で発生したゴキブリは、アパート中に広がってしまい、潔癖な入居者はこのままでは退去すると訴えてきます。結果として、ゴキブリを大量発生させた入居者には厳重に注意し、再度同じことが起こった場合は退去してもらうとの誓約を交わしたうえで、Jさんは自費でゴキブリの駆除業者を呼んでこの問題に対処しました。

外国人の入居者が多く集まったことで資金繰りはなんとかなりましたが、突発的なトラブル対応費用が発生するため、収益はあまり手元に残りません。また、トラブル対応についても心労が多くJさんは疲れ果ててしまいました。

アパート建設のローンを返し終わった22年が経過した際に、賃貸保証会社と契約することも検討しましたが、現在入居している入居者に新たな負担を課すことはできません。Jさんが負担する場合は、保証料で収益が圧迫されてしまいます。入居者の入れ替わりや更新の際に保証料を新たに課すことも手ではありますが、そのために物件の競争力がなくなり空室が増えることも心配でした。Jさんは疲弊しきって、判断ができない状況に陥ってしまいました。

そんなとき、Ｊさんは親類からクリニックの開業地を探している業者がいるという情報を耳にしました。親類が畑を営んでいる土地をクリニックの開業地として貸してほしいと依頼があったというのです。親類は耕作を続けたがっていたため、その依頼を断ったそうですが、詳細を聞いてみると条件は悪くありません。アパート経営に疲弊していたＪさんは藁にもすがる思いで業者に連絡を取ってみることにしました。


私たちが訪問した際、Ｊさんは、アパートを経営したが手間ばかり掛かって収益はほとんど手元に残らなかったので撤退したいが相続した土地をどうすべきか分からない、と語っていました。アパートと土地を丸ごと、またはアパートを取り壊して土地のみを売却することも考えましたが、査定に出してもさほど高い金額にはならなかったそうです。親から受け継いだ土地を安い金額で手放すことには抵抗があるようでした。

一方で、Ｊさんの土地は２００坪とクリニックの建設のためには狭く、広い道路からのアクセスもあまり良くありません。すぐに誘致できるとは回答できない条件であったため、一度要望を預かったうえで希望する医師がいるか否かを確認して改めて連絡をすることになりました。

結果として、Jさんのアパートの敷地には心療内科を誘致することができました。Jさんのアパートが立地する地域は心療内科が慢性的に不足しており、初診の予約をするために1年待たなければならないというクリニックもあるほどだったのです。心療内科は大型の医療機器を設置する必要がないため、150坪ほどの敷地があれば開業することができます。また、アパートの立地が広い道路から見通しが悪いことも、駐車している車を多くの人に見られないという点でこのケースでは利点だと判断されました。

Jさんはこの知らせを聞いて非常に喜び、まだ建設して25年のアパートを取り壊してクリニックを誘致することにしました。また、疲れ切っていたJさんにとって、医療建築を手掛ける業者がクリニック誘致をしていることは非常にメリットとして感じたようです。また、私たちが建設業者であったため、アパートの解体費用の見積もりから土地の貸し出しまでを一貫して行えることも非常に喜んでいました。さまざまな事業者に連絡を取って見積もりを取得し、収支計画を立てる必要がなかったからです。

Jさんのアパートの解体費用には700万円ほどが必要となったため、Jさんの25年のアパート経営の収益はほぼ残りません。ですが、Jさんはこのまま築年数が経過した古アパートの入居者探しで心労を重ねるよりは、精神的な負担を伴わず確実に収益を得られることを選択しました。

Jさんの得られる月額の土地の賃料収入は24万円です。築25年当時に1室4万円で10件の部屋を貸し出していたアパート経営と比較すると、見かけ上の収入は半減したように見えますが、アパート経営におけるローンや解体費用、維持管理費を考慮すれば、土地を貸すだけで24万円の収益が手に入ることは非常に良い条件です。

Jさんはアパートの入居者の退去に手が掛かることになりましたが、その行程での表情は明るいものでした。長年苦しんでいたアパート経営からの出口が見えたからです。

アパート跡地に建設された心療内科は、非常に丁寧な診察を行う医師がいることで評判を呼び、やはり他院と同様に初診の予約が数カ月待ちとなるほど盛況となりました。Jさんがたまに様子を見に行くと、駐車場には満車に近いほどの車が停まっています。

Jさんは現在、アパート経営から解放され落ちついた気持ちで日々を過ごせています。なにより、住人からの苦情の電話を日々恐れる必要がなくなったことがJさんには大きな収穫でした。アパート関連の出費がなくなり、定期収入が得られるようになったことで、老後の計画も立てやすくなったそうです。

Jさんのように、親から相続した土地でアパート経営を行い、その運営に悩む人は少なくありません。以前は多くの土地を所有していた地主の一族であっても、戦後に戸主が財産の大半を受け継ぐ制度が廃止されてから、兄弟姉妹の多い家では土地が分割されて相続されてきました。Jさんの家系も戦前は大地主と呼ばれていましたが、

Jさんが相続したのは条件が良いとはいえない200坪の土地といくばくかの現金のみでした。

近年はこうして細切れになった郊外の土地にアパートを建設する事例が多くなっています。郊外の土地は相続したとしても事業などによる活用が難しいため、利益率が高いアパート経営の営業マンに導かれるままアパート建設をしてしまう事例が多いのです。アパートの空室を心配する地主に対して家賃保証を行うサブリースという契約形態が流行していることも、この後押しになっています。しかし、サブリース契約は当然支払われる家賃水準が通常の家賃よりも低く設定されます。アパート建設から維持管理・修繕、取り壊しまでを一貫して考えておかなければ、足が出て赤字になってしまう、収益が得られない、という事態に陥ることもしばしばです。また、こうしてアパートが増加することによって地域のアパートの空室を増やすという悪循環に陥っているのです。

アパートの戸数が少なかった30年以上前と比較して、現在のアパート経営はJさんの事例が示すように簡単ではありません。新築のうちは順調でも、駅から徒歩圏内など条件が良い場合を除けば築15年以上が経過すると入居率が下がり、収益が悪化することが少なくありません。Jさんは25年前という比較的アパート賃貸の需要が旺盛な時期にアパートを建設しましたが、その後のアパート建設ブームによる新築アパートの供給増により物件は競争力を失ってしまいました。このように、アパート経営は建設から解体までの長い期間の市場を予測しながら収支計画を立てる必要があるのです。数十年後にアパートが建設された地域がどのように変化しているかは誰にも分かりません。つまり、その地域の変化のリスクをそのまま背負い込む土地運用の方法であるといえるのです。

Jさんはアパート経営の環境変化にうまく適応する手段を講じることができず、トラブルと出費を呼び込む形で疲弊し、最終的には25年でアパートを取り壊す決断をせざるを得なくなりました。こうしたリスクを避け、一定の収益を得ていくには、初期費用が少なく、安定して長期間の賃料を得られるクリニックへの土地貸しは有効な一手といえるのです。

事例11

高い農作業委託料問題を解消したKさん

Kさんは父親が保有する土地の管理を引き継いだ地主候補に当たる人です。一人娘であるKさんは父が保有する土地をいずれ相続する前提で、70代後半に差し掛かり高齢になった両親に代わり、複数の土地を管理しています。父の保有する土地はさまざまで、駐車場となっているものや宅地として貸し出しているものもありますが、Kさんが頭を悩ましているのが300坪の畑の管理でした。

父親の保有する土地はすべて実家から近距離にありましたが、Kさんは20年ほど前に近隣の県に嫁いでいたため、自宅から畑までは車で片道1時間半程度掛かります。Kさんは専業主婦でしたが、家事などがあるため毎日のように農作業に通うわけにはいきません。そのため、畑の手入れは週1回程度で、すべての土地を耕作に使うのではなく、手の掛からない作物を自家消費できる程度に育てるにとどめていました。

しかし、耕作範囲が狭いからといって手入れの手間が大幅に減るわけではありません。夏には雑草が生い茂ってしまうため、草刈りなどに大きな労力が必要になります。当初は家族総出で行っていましたが、両親が衰え、子どもたちの協力も徐々に得られなくなるとJさんの畑の管理の負担は増していきました。加えて、ある年にJさんが手術・入院をしたことをきっかけに、畑の管理が思うようにできなくなったのです。

畑を管理できる人がいなくなったからといって、畑を放置すれば雑草が生い茂り、周囲の農地に迷惑が掛かってしまいます。困ったJさんは農地管理の外注業者に委託し、定期的に草刈りを実施してもらうことにしました。300坪の農地の草刈り費用は思ったより高く、1回につき30万円の費用が必要でした。

草刈り費用は駐車場や貸地の収益から両親が支払いましたが、これをきっかけにJさんは畑の取り扱いについて悩むことになりました。Jさんが回復して畑の近隣に住まない限り、農地管理を十分に行い、その労力に対する対価を得られるほど耕作をすることは難しいと考えられます。両親は先祖代々の農地をJさんに受け継いでほしいと考えていたようですが、娘が疲弊する姿を見てその意見を強く主張することはなくなりました。

Jさんの現在の生活と体調を守るためには、今後も農地の管理を随所で外注するしかありません。しかし、その外注費のためにほかの土地の駐車場や貸地で得た収益が消えてしまうことは本末転倒だと考えたJさんは両親に畑の耕作を完全に委託することや畑地を売却することを提案し、合意を得ました。

しかし、Jさんの計画はなかなかうまくは進みませんでした。農業協同組合（JA）を訪れて農作業委託や売却の相談をしましたが、その内容は想像よりも条件が悪いものだったのです。

JAでは農作業の委託を受け付けていますが、その作業は細かく分かれて費用が決められ、委託する側が細かく指示をしなければなりません。また、委託者による畑の管理作業の徹底も求められるため、Jさんが完全に手放しで農作業を委託することはできそうにありませんでした。

また、畑の売却の相談も行いましたが、その価格は非常に低いうえ、購入希望者とのマッチングにも時間が掛かるということでした。Jさんは仕方なく、購入希望者が現れるまでの間、JAや民間の農作業委託サービスを使って農作業の負担を乗り切ることにせざるを得ませんでした。毎年のようにかさむ出費について、Jさんは両親のせっかくの資産が圧迫されているように感じ非常に心苦しかったそうです。

私たちがJさんの両親に土地を貸してほしいと連絡をしたのは、まさにそんな時期でした。Jさんが管理していた畑は、以前は細い道に面した畑でしたが、都市計画により広い道路がそばを通ったため、交通利便性の高い場所となっていたのです。両親はすぐにJさんを呼び、両親とJさん、私たちで話し合いを進めました。

畑のある土地は、車通りはあるものの周囲は畑ばかりという土地柄で、都市部からも車で40分以上掛かるという立地であったため、両親とJさんは本当にクリニックを誘致できるのか半信半疑なようでした。しかし、周囲に何もない土地であるからこそ医療施設は不足しており、周辺住民は内科を受診する場合でも車で20分ほど掛けて幹線道路沿いのクリニックに通う必要があるという状態でした。その状況であれば、患者は十分に集められると私たちは考えていたのです。

その後、開業希望の医師を募ったところ、内科・循環器科のクリニックからその土地に開業したいと申し出がありました。診療圏調査を行ったところ、周囲に競合となるクリニックも多くなく、十分に患者が集められるという結果が出ました。

この結果を聞いて、Jさんと両親は非常に驚いた様子でした。農地か自家用の宅地としてしか利用できないと考えていた土地が収益化できるとは夢にも思っていなかったそうです。特に両親は他県に嫁いだJさんに農作業の負担を掛けないで済むことに心から安堵した様子でした。農業を続けてほしいとは当初考えていたものの、次第に疲弊するJさんの姿を見て、娘に無理をさせていることが非常に心苦しくなっていたそうです。

その後、Jさんの父の畑には内科・循環器科のクリニックが建設されました。月額の土地の賃料は21万円です。両親の代から農業による利益がさほどなかっただけに、この賃料が定期的に得られるようになったことは、非常に利点といえるものでした。

Jさんは出費と労力ばかりがかさんでいた農地について、収益が得られるようになったことにほっとしたそうです。また、この収入のおかげで、今後両親が介護施設に入居する場合の出費についても安心して考えられるようになりました。また、両親が亡くなった際の相続についても十分に現金を蓄えられることで、スムーズに手続きができるようになったことに非常に満足しているそうです。

Jさんのように両親から引き継いだ、もしくは引き継ぐ予定の農地が居住地から遠方に立地しているため、その管理に悩んでいる人は少なくありません。Jさんの場合は片道1時間半で畑までアクセスでき、専業主婦でもあったため定期的に農地を訪れることも可能でしたが、農地まで新幹線や飛行機を使わなければならないほど遠方に居住している人もいます。

管理できないからといって、農地を放置している例はあまり多くはありません。農地を放置すると雑草が生い茂り、害虫が発生するなどして周辺の農地や住民に多大な迷惑を掛けてしまうからです。そのため、多くの人は民間の農地管理業者に手入れを委託するか、ＪＡなどに相談して農地の売却や農作業の代行を依頼します。簡単に農地の売却先が見つかればよいですが、農地の需要が少子高齢化により減少している今、売却は簡単ではありません。農作業や管理の代行は農地が広大になればなるほど費用がかさむため、収穫した作物の収益と相殺しても足が出ることも少なくないのです。

農地をそばで管理できない地主にとって、農地の用途を転用して貸し出しを行うことは、農地の管理から解放される有効な手段だといえます。なかでも、クリニックへの貸し出しは撤退の可能性が少なく、賃料の値下げ交渉もないことから、ほぼ手放しで土地の貸し出しを行うことができるため、遠方に居住する地主にとっては非常に適した運用手段といえるのです。

第5章

地域に貢献できる土地活用

クリニック誘致は超高齢社会を長期的に支え

進む離農とその後の土地問題を解決するクリニック

過疎化による離農が進むなかで問題となったのは、それまで富の源泉であった農地の問題でした。かつて農業を営んでいた家主の子や孫が、農業以外の職を得たり、都市部に居住したりするようになれば、もちろん後継者はいなくなります。すると、農業の担い手が高齢になった場合はその農地を誰かに貸したり売ったりするか、別の用途に転用せざるを得なくなったのです。

しかし、農地を手放したい需要はどの地域でも高くなっているため、別の農業の担い手を探すことは簡単ではありません。また、農地を宅地などのほかの用途に転用することは、1952年に制定された農地法で厳しく制限されています。戦後、国は日本国内の食料供給の安定確保を図ることを目的に国内の一定の農地を維持する制度を設けたのです。

こうなると、担い手のいなくなった農地は、富の源泉どころか「困った財産」と化してしまいます。農地は手の掛かる財産であり、農業をやめてしまったとしても、農地は手入れをしなければ荒れ放題になってしまうのです。また、近隣に迷惑を掛けないためにも定期的な雑草駆除は欠かせません。農地として利用されておらず、今後も農地として利用される可能性が低い土地を遊休農地と呼びますが、遊休農地と認定された場合は固定資産税が農地と比較して約1・8倍となります。使い道のない元農地は、富を生むどころか、手間もお金も掛かってしまうのです。こうした理由から離農をできず高齢になっても無理に農業を続ける人も多いのが現状です。

農林水産省が実施している農林業についての調査結果「農林業センサス」によると、2010年に約205万人だった農業従事者は2020年には約136万人と急激に減少しました。その平均年齢は67・8歳と高齢化も進んでいます。

離農と農地の問題が顕在化した郊外の土地で、増えているのが高齢者です。高齢化した地域に必要とされているのは、医療サービスであることはこれまで見てきたとおりです。需要が多く見込まれ、地域に貢献できるクリニックは、郊外の土地活用に最適な選択の一つといえます。

[図表10] 基幹的農業従事者数の推移（農林業センサス・万人）

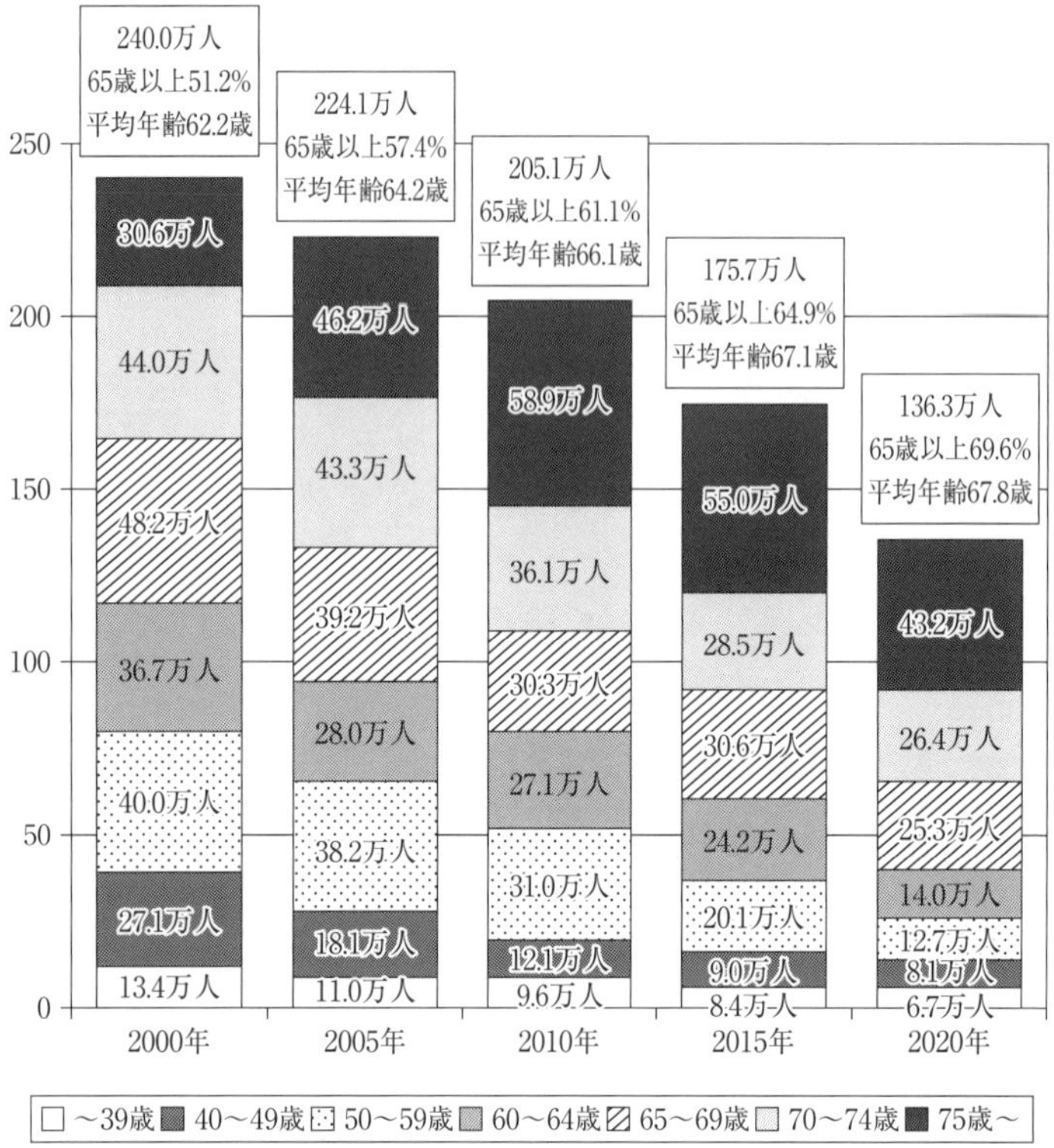
240.0万人
65歳以上51.2%
平均年齢62.2歳
224.1万人
65歳以上57.4%
平均年齢64.2歳
205.1万人
65歳以上61.1%
平均年齢66.1歳
175.7万人
65歳以上64.9%
平均年齢67.1歳
136.3万人
65歳以上69.6%
平均年齢67.8歳
250
200
150
100
50
0
30.6万人
44.0万人
48.2万人
36.7万人
40.0万人
27.1万人
13.4万人
46.2万人
43.3万人
39.2万人
28.0万人
38.2万人
18.1万人
11.0万人
58.9万人
36.1万人
30.3万人
27.1万人
31.0万人
12.1万人
9.6万人
55.0万人
28.5万人
30.6万人
24.2万人
20.1万人
9.0万人
8.4万人
43.2万人
26.4万人
25.3万人
14.0万人
12.7万人
8.1万人
6.7万人
2000年
2005年
2010年
2015年
2020年
～39歳
40～49歳
50～59歳
60～64歳
65～69歳
70～74歳
75歳～

出典：農林水産省「農林業センサス」

農家をやめたい次世代の担い手たち

たとえ農地である程度の収益を得られたとしても次世代に安心して相続できるとは限りません。広大な農地が相続財産である場合、ほかに仕事を得ている次世代の多くが、農家をやめたいのにやめられないという悩みを抱えています。もちろん、先祖代々の農地を継承することに喜びとやりがいを感じている人もいますが、平日に仕事をしながら休日に農作業を行うことは簡単ではありません。

新型コロナウイルス感染症の流行や不安定な世界情勢、インフレーションによって製造原価が年々高騰するなか、農業で一定の利益を得ることは年々難しくなっています。なかには兼業農家の限界を感じ、手間の掛かる出荷作業をやめ、できる範囲で収穫した作物を知人に配布することにとどめる人もいます。それでも多くの人がこのような状況でも農業を続ける理由は、やめるのが簡単なことではないからです。

苦しい農作業を働きながら続けている人はさまざまな問題を抱えています。長く作物を収穫しないまま放棄すると元の農地に戻すために何年も掛かる、作物を収穫しなければ税金だけが掛かる、ほかに土地を活用する手段がない、先祖代々耕してきた土地であるといった理由で、休日に苦労をしながら農作業をしているのです。高齢化が進み、定年後再雇用が一般的になりつつある日本では、定年後に専業農家になるという選択肢も現実的ではなくなりました。このように、次世代にとって広大な農地は相続税の負担だけでなく、心理的な負担にもなっているのです。

周辺住民に歓迎されやすいクリニック開業

クリニックを保有する土地へ誘致することは、それまで活用の目途が立たなかった土地を収益化するという目的もありますが、地域社会のインフラを充実させるというメリットを併せ持っています。開発が抑制されている市街化調整区域においても、学校や社会福祉施設、医療施設、日常生活に必要な物品を販売する小規模な店舗、自動車修理工場・農機具修理施設などは公益施設として許可されていることからも、医療施設が生活になくてはならないものであることが分かります。

医療施設の開業が地域住民にとって喜ばしいものであることは、クリニックの内覧会を目にすれば一目瞭然です。クリニックは開業する際に、地域の人たちにクリニックの設備や医師、スタッフ、そしてクリニックの存在そのものを知ってもらうために内覧会を行います。内覧会のお知らせは近隣住民の自宅にポスティングされますが、これだけの告知でいつも非常に多くの人が集まります。時には数百人が内覧会に訪れることも珍しくありません。

内覧会には通常、土地を貸した地主も立ち会いますが、多くの人が集まる様子を見て医師だけでなく地主もほっと胸をなでおろすことも多いようです。なかにはきれいなクリニックができたこと、徒歩や自転車で来院できる距離にクリニックができたこと、近隣で専門的な治療を受けられるようになったことについて、地主にお礼を伝える人もいます。

クリニックへの土地貸しは決して地代が高いものではありません。短期的な収益から考えると、コンビニエンスストアの誘致やパチンコ店の誘致のほうが手元に利益が残る場合もあります。しかし、風紀の乱れを伴いやすい商店や遊戯施設の誘致と比較して、クリニックの誘致は非常にクリーンなイメージで地域の住民に確実に役に立てるというメリットがあります。

地域に多数の土地をもつ地主の場合は、代々その土地の顔役としての役割を担ってきた人も少なくありません。地域に貢献できる土地活用の手段としては、クリニックの誘致は非常に良い手段だといえるのです。

クリニックの開業で地域利便性を向上

クリニックの開業をきっかけに、地域の魅力をより増大させることもできます。郊外の地域の場合、医療アクセスが悪く、少しでも専門的な治療が必要になった場合には都市部の病院に通わなければならないということはよくあります。こうした地域は生活の利便性が悪いため、転居しやすい若年層が離れていきやすく、ただでさえ進行する少子高齢化のスピードがその地域においてより進む事態になりかねません。

逆に、クリニックの誘致によって地域住民の医療アクセスが良くなれば、地域の魅力を増やすことにつながります。一般的に宅地や集合住宅の不動産募集広告には、スーパーや学校までの距離が記されますが、そのなかには必ず周囲のクリニックの情報も盛り込まれます。それだけ、その地に移り住もうとする住人にとっては医療へのアクセスが重要なポイントといえるのです。

さらには、地域の地主と協力することで、ある程度まとまった地帯に医療施設を誘致し医療モールを形成することができます。医療モールは、患者本人が複数の診療科を受診したい場合や、家族で異なる診療科を受診したい場合に交通アクセスが良いというメリットがあります。また、新たに加わった住人にとっても、病院がどこにあるかが非常に分かりやすいことが特徴です。その地域を通り掛かった住人以外の人に対しても地域の医療体制の充実をアピールすることにつながります。

医療が充実すれば周辺地域から多くの人を呼び込むことができ、人口が増えてにぎわいが生まれれば、地域の生活利便性向上に役立つ商店も出店しやすくなります。この良い循環を生む要素をクリニックはもっています。

地域に新しい風を吹き込むことは容易ではありません。地域に責任をもつ地主にとっては地域発展のために土地を使いたいと考えても、郊外が衰退しつつある今、効果のある用途に土地を提供することは難しくなっています。そのような状況下で、クリニックの誘致は収益面でのリスクを抑えたうえで、地域の利便性を向上させる起爆剤となる可能性を十分に秘めているのです。

土地を貸すことで相続税を圧縮できる

土地をクリニックなどに貸すことは地域住民のためになるだけでなく、相続を通して一族の土地を守ることにもつながります。理由は土地は貸している状態のほうが相続税評価額を低く抑えられるからです。

郊外に数多くの土地をもつ地主や、広大な農地を保有する地主の場合、世代替わりの際に頭の痛い問題となるのが相続税の評価額です。先代の地主であった親などが相続対策に無頓着だったために、相続税として多額の現金が必要となり蓄えが失われる例も珍しくありません。

このような事態を避けるためには、相続が目前に迫る前から土地を活用し、現金を残すことが肝要です。また、土地を2世代にわたって安定的に貸すことで相続税対策を行うこともできます。

他人に貸していて他人が建物を建てている土地は貸宅地と呼ばれます。貸宅地は自分で使用している土地（自用地）と比較して利用が制限されてしまうため、その評価額は安くなります。この利用が制限されている比率を借地権割合と呼びます。

借地権とは、建物を建てるために地代を払って他人から土地を借りる権利のことです。借地として借りている土地の権利は、土地の所有者である地主がもっている底地と、借りている人に借地権がある借地に分けられます。借地権割合とは、その土地の権利のうち借地が何割を占めるかを示す数字なのです。

この借地権割合は、国税庁が30～90％の間で定めています。この割合は地域によって異なり、一般的に土地の利用価値が高い地域では高くなり、郊外の建物があまり建っていないような地域では低くなります。

貸宅地の相続税評価額は、自分で使っている自用地の評価額にこの借地権割合を引いた割合を掛けて算定します。

貸宅地の相続税評価額＝自用地の評価額×（1－借地権の評価割合）

クリニックのような建物に土地を貸しているのであれば、その借地権割合だけ、相続税を圧縮することにつながるのです。なお、過疎地と呼ばれるような場所では借地権割合が定められていないこともあります。これは、たとえ借地があっても権利として評価しないということです。自身の土地についてどの程度の借地権割合が設定されているかについては、最寄りの税務署に相談すれば確認することができます。

この方法で相続税の圧縮効果を見込む場合は、相続のタイミングで土地が継続的に借りられていなければなりません。相続が発生する前のタイミングで、借地の契約が解除されてしまえば、土地の相続税評価額は自用地のものとして10割の割合で計算されてしまうからです。この点を考慮すれば、基本的には30年の事業用定期借地契約で安定的に長期間土地を借りてくれるクリニックは、子や孫に土地を安定的に引き継ぐ観点から非常に良い借り手といえるのです。

土地の収益化は地主としての使命

戦前までの日本の家督相続制度においては、一族の財産は長男が相続し、かつ相続税はほぼ掛からず一族の土地を守り抜くことができました。しかし、戦後の米国統治下で富の再分配を目的に財産は兄弟姉妹に均等に分配され、相続額が高い場合には高率の相続税が課せられるようになりました。この状況を指して「3代で財産はなくなる」とよくいわれます。

相続税の負担が重くのし掛かるのは郊外に広大な土地を所有する地主です。一般的に都市部に土地を所有する地主の場合、土地に貸しビルやマンションなどを建設して積極的に資産運用を行います。このように、保有する土地に不動産を建設し運用すると、高い賃料収入が得られるほか、相続の際の不動産評価額は市場価格よりも低額で計算され、財産の圧縮効果が得られます。これにより都市部の地主は常に手元の現金が豊かな状況におかれ、保有する土地を手放さずに済みます。対して、郊外の地主の場合は土地に対する需要が都市部に比較して少ないため、土地を効率的に運用することができません。アパートやマンション、貸しビルなどを建設しても需要がないからと、土地を空地のままにすることで高い固定資産税を課される場合もあります。農地として使用をしている場合は固定資産税が低く抑えられますが、評価額こそ宅地と比べて低く評価されるものの、税率そのものは通常の土地と同様に相続税が課されてしまいます。

この結果、先代が相続税の対策に無頓着だったがゆえに、相続税の支払いに貯金の大半を使い果たしたり、土地の一部を売却しなければならない事態に陥ったりした地主も大勢います。先祖代々受け継いできた土地を売ることは苦渋の決断だったと察します。

先祖から引き継いだ土地を守らなければならないという意識は、多くの地主と話していて非常に強く感じます。しかし、現代の相続税制度は土地を管理し趣味程度の農業を営むだけでは土地を守ることはできません。土地から得られる収益を蓄え、相続の際に相続税を現金で支払える体制を整えなければ土地を守れないのです。

郊外において、土地を運用する選択肢は限られています。さらに、保有する土地が農地である場合には、その用途に厳しい制限が掛かっている場合も珍しくありません。こうしたなかでも、地主である限りは、クリニック誘致のような打開策を見つけ、少しずつ相続に向け収益を得られる体制を構築していくことが、次世代に土地を受け継ぐうえでも重要だといえるのです。

収益と地域への責任の両立を目指して

医療建築のための土地貸しの依頼に訪れ、さまざまな話を聞いていると、地主の土地活用に関する考え方はさまざまです。特に収益面に関していうと、積極的に資産を運用して収益を得ることを重視する人と、保有している土地を管理していれば十分で危ない橋は渡りたくないという人に極端に二分されます。特に郊外では自身の保有する土地で農業を営んでいる場合が多く、農業以外のことに土地を使いたくはないという人が多いように感じます。

しかし、その土地を子や孫に伝えていくことを考えれば、土地の活用について無視をすることはできません。受け継ぐ土地の性質が子や孫にとって魅力的なものでなければ、土地を相続することを嫌がられるという事態になりかねないからです。農地であれ、宅地であれ、保有する土地が高い価値をもってこそ、相続をする側としては相続税を支払ってでも受け継ぎたいと感じるのです。

また、保有する土地の一部を貸し収益化することも財産全体の価値を引き上げることになります。例えば、大半の農地を残したうえで一部を事業用に貸し出し現金収入が得られるようにするだけで、相続税の支払いやその後の生活の目途が立ち、引き継ぐ人は相続しやすくなります。一部の土地の活用は保有する土地全体を残していくための手段でもあるのです。

土地の活用は、その一族だけにメリットをもたらすものではありません。商業施設や医療施設の誘致は、その土地の住民に利便性を提供します。土地の利便性を高めれば、継ぎ手のない農地が多数ある地域においても新しい住民が増え、新規就農者も現れるはずです。そうして農地売買の流動性が高まれば、相続や離農で困っている地域住民に新たな選択肢を提供することができるのです。

土地を使って収益を上げることについて、いまだ抵抗がある人も多くいます。日本では清貧という言葉があるように、収益を上げることについて卑しいと考える意識がまだ根強く残っています。特にこの意識は、コミュニティの交流が多い郊外地域において強い傾向があります。

しかし、私たちが誘致したクリニックの事例から考えると、クリニックを誘致して収益を上げることで後悔をしているような事案は見当たりません。最初は土地活用を渋っていた人も、安定した地代収入が得られ、真新しいクリニックが完成し多くの患者が通うようになると、誘致をして良かったと笑顔で語ってくれます。クリニックをはじめとする地域貢献性が高い施設の誘致は、地主と地域住民、医師に三方良しのメリットを提供します。地主にとっては、土地を提供することで損をしたり害を被ったり評判を落としたりするリスクが少ない収益獲得の手段といえるのです。

収益を得ることと地域に貢献することは両立させることが可能です。このような話をするとそんなうまい話があるわけがないといわれることもありますが、土地を受け継ぐ親族のために、さらには地域のために検討する価値は確かにあるのです。

おわりに

私たちが地主の方々と開業を希望する医師との土地の仲介事業を始めたきっかけは、建設会社として受注した医療施設建設の候補地を探すことでした。開業コンサルタントから、地域に詳しい私たちに開業候補地探しを手伝ってほしいと依頼されたのです。

当初は、この仲介事業を行えばさらなる医療建築の受注が受けられるという期待のみで土地探しをしていたのですが、土地の提供を依頼するために複数の地主の話を聞くうちにこの土地探しは単なるマッチングではないと気づきました。クリニックの建設候補地となる郊外の広大な土地について、多くの地主は、相場どおりで30年の長期にわたって土地を借りてくれる人が見つからないという悩みを抱えており、その課題を解決する手段の一つがクリニック誘致だと気づいたからです。

地主といえば、不労所得を得られる特権階級で、裕福で悠々自適なイメージが世にはありますす。しかし、都市部から離れた郊外に土地を所有する地主に限定していえば、そのおかれた環境は決して楽であるとはいえません。多くの地主が保有する広大な土地の今後について頭を悩ませながら日々を過ごしている現実がそこにはありました。

クリニックの誘致がこれらの悩みを解決する一つの答えだと認識してから、私たちは地域貢献の一環として地主の皆さんから仲介する土地の情報をあらかじめ集める不動産仲介業も行うようになりました。地元に根差して建設事業を行う企業として、クリニック誘致を通じて、地主の悩みを解決し地域を発展させるお手伝いができればと考えたからです。

クリニックへ土地を貸し出す条件を相談する際に、地主側から周辺の相場以上の賃料を得たいと希望されることはほぼありません。多くの人は、相場どおりで30年の長期にわたって土地を借りてくれるのであればそれで十分だと答えます。これは、郊外の土地貸しの需要の本質が、長期間借りてくれる（＝その間何もしなくてもよい）という安心感と安定性にあることを示しています。しかし、それまで多くの地主が土地の今後と活用に頭を悩ませてきた現実があるように、安心感と安定性が得られる運用手段はそう多くはないのです。

ただし、私たちは仲介を依頼された土地にやみくもにクリニックを誘致することはしていません。地域において必要とされているクリニックとは何かを確かめるために、地主や周辺住民へのヒアリングを地道に行い、開業コンサルタントと連携した診療圏調査の内容も加味したうえで、真に地域に求められるクリニックが存在した場合に初めてクリニックの誘致を行います。そのため、仲介を依頼された土地にクリニックを誘致できないこともあります。

この姿勢を私たちが貫く理由は、地域にとって医療機関は欠かせないもので、かつ長く安定して存続すべきものだからです。地主に高い収益をもたらし、効率的にクリニックを誘致するのであれば、巨大な医療ビルを建設し、そのテナントとしてクリニックを何軒も誘致したほうが効率的です。巨大な建築物を建設することができれば、わが社も大きな利益を得られます。複数の診療機関が集まった医療ビルは周囲に対して競争力もあるため、周囲の競合となるクリニックを淘汰し、多くの患者を集めることもできます。しかし、この方法を採用することはできません。周囲の医療機関の経営を悪化させ淘汰する可能性があるこの方法は、かえって地域の医療アクセスを悪化させる恐れがあるからです。

私たちが行いたいと考えているクリニックの誘致は、地域の実情に沿い、地域の医療体制と調和しともに発展していくというものです。土地の特性をよく知り、得た情報を開業予定の医師に伝えれば、より地域に合ったクリニックを設計・建設することができます。新しさや物珍しさで集客するのではなく、周辺住人に心から歓迎されるクリニックを建設し、開業することこそが私たちができる地域貢献の本質であると考えているのです。

クリニックを開業する土地は、医療機関の開業に期待を寄せた地主から預かった非常に大切な宝ものです。その郊外の土地を所有する地主の多くは、収益性を第一には考えていません。その土地が適切に管理されること、その土地が地域に貢献することこそが最も重要だと考える地主が大半です。私たちはこの期待に応える義務があると考えています。

これまでの土地活用の書籍では、活用により得られる収益に焦点が当てられることが多いですが、この書籍では郊外における地主の実情を考慮して、地主の悩みとその解決方法に焦点を当てて解説をしています。

土地活用の悩みの解決方法は、決して一つではありません。本書で紹介したクリニック誘致以外にも、私たちが知らない良策はきっとあるはずです。ただ、多くの郊外の地主は土地活用について慣れていません。情報がないまま自身が高齢になり、土地の管理がままならず、草刈りなどの土地の管理に悩まされていたり、農地を耕作放棄してしまったりしているケースも多くあります。そんな方々が現状を打開するアイデアを得るために、本書を活用していただきたいと考えています。

より多くの人がクリニック誘致という土地活用法を知り、その結果として、医療が不足している地域に新たにクリニックが増えれば、これほどうれしいことはありません。また、開業を前にした内覧会に多くの地域住民が集まり、その笑顔がクリニックに溢れることを心から願っています。

岡田 衛（おかだ まもる）

1967年生まれ。株式会社岡田組代表取締役。昭和22年に創業した株式会社岡田組の三代目社長。名城大学理工学部建築学科卒業後、設計事務所勤務を経て、株式会社岡田組に入社。36歳のときに三代目社長に就任。当時、主力として手掛けていた一般建築が価格競争にさらされ、事業の赤字が続くなか医療建築に活路を見いだし、多数のクリニック（医科、歯科）、調剤薬局、地区医療モール等の建設を手掛けることでＶ字回復の経営を実現する。愛知県を中心にクリニック開業を希望する多くの医師および医療関係者からの依頼を受け、土地探しから医療建築までを一貫して提供するサービスを実施している。

本書についての
ご意見・ご感想はコチラ

郊外の地主を救う
クリニック土地活用

2023年5月30日　第1刷発行

著　者　　岡田 衛
発行人　　久保田貴幸

発行元　　株式会社 幻冬舎メディアコンサルティング
〒151-0051　東京都渋谷区千駄ヶ谷4-9-7
電話　03-5411-6440（編集）

発売元　　株式会社 幻冬舎
〒151-0051　東京都渋谷区千駄ヶ谷4-9-7
電話　03-5411-6222（営業）

印刷・製本　中央精版印刷株式会社
装　丁　　秋庭祐貴

検印廃止

Printed in Japan
ISBN 978-4-344-94677-4 C0033
幻冬舎メディアコンサルティングＨＰ
https://www.gentosha-mc.com/